沢庵
不動智神妙録

池田諭 訳

目次

沢庵の今日的意味

一

ここ二、三年のところ、宗教書がよく読まれている。その出版も盛んなようだ。これは今日という時代状況、思想状況が、人間とは何か、思想とは何か、価値とは何かを根底的、本質的に問わざるを得ないところにきていることと無関係ではない。

それが最も鋭い形で現われたのが、最近の激しい学生運動である。そこでは当然、人間とは何か、思想とは何かが根源的に問われており、仏教書や宗教書を読み直そうとする動きと同じ流れの上にあるといえる。

しかも、今、宗教書、仏教書を読み直そうという動きは、敗戦直後、民主主義とか社会主義を、思想的、原理的に受けとめようとせずに全く無批判的に受け容れ、宗教書や仏教書を、ただ、古いもの、時代遅れのものとして、一顧もせずに捨て去ったことに対する反省として起こっているのである。

いいかえれば、戦後の思想状況は、何よりもまず、人間そのもの、思想そのものを根底的、本質的に問うことから出発しなければならなかったのに、そしてそれは、宗教そのもの、仏教そのものの第一の課題であったにもかかわらず、宗教そのもの、仏教そのものを読みきれず、それを振り捨てたところに、戦後民主主義、社会主義の観念化、空洞化が始まったということである。

今日の混乱し低迷する思想状況は、戦後の思想状況そのものが生み出したものだといいきってもよいのである。

だが、今日の宗教書、仏教書を読むという風潮にも、危険がないことはない。それは、宗教書、仏教書を主体的批判的に読むというよりも、それを絶対視し、逆に読まれるという傾向を持っていると見られるからである。

人間を本質的に理解しているがために、常にすぐれて現社会、現体制には批判的である宗教、仏教が、反対に現社会、現体制に順応する思想として受けとられ、かえって人間を停滞させ、縮こまらせている。ということからいえば、戦後の民主主義、社会主義に引きずりまわされた人々と同じ誤りを、宗教、仏教に対して再び犯すことになるという危険である。

今日、宗教書、仏教書に立ち向かおうとする人間、その思想に対決しようとする人々は、このことについて、どれほど注意しても注意しすぎることはないということを知る必要がある。

二

沢庵《たくあん》は、天正元（一五七三）年、但馬に生まれた。当時は戦国時代の末期で、上杉、武田の長い抗争も終わり、織田信長が日本全国の主権を一応その手におさめたと思うと、その主権は豊臣秀吉に移り（一五八四年）、さらに徳川家康に移る（一六〇〇年）という、変遷の激しい時代であった。それは、新しい価値を求めて、人間の生命が最も躍動したといってよい時代でもある。

そのなかにあって、沢庵は一筋に仏教を追究し、仏法の実現のために生きぬいた。

それは、政治の世界を拒否し、政治の世界に無関心に生きるということでなく、あくまで、政治という、人間にとって最も現実的、具体的なものを正面に見据えて、人間の全的救済、人間の全的向上をはかったということである。政治の世界に仏法の精神と思想を貫かせようとしたのである。それが、彼にとって、仏法を求め、仏法に生きるということであった。

だからこそ沢庵は、徳川幕府が仏法をその支配下におさめようとしたとき、その権力と真正面から対決し、仏法の自立性、自主性を守りぬこうとした。歴史上、紫衣事件とよばれているものである。それは、幕府権力に屈した崇伝たちと、仏教理念は現実の政治をリードすべきものでなくてはならないと考え、その権力から独立しようとした沢庵たちとの抗争であったと見ることができる。

そのために、数え年五十七歳であった沢庵は、遠く上山（山形県）に流されることになったが、その持説をくつがえすことはなかった。勿論、当時の沢庵たちは、幕府権力に対立して朝廷権力とあまりにも深く密着し、天皇から紫衣をもらうことについても何の疑問も抱かなかったし、幕府側は、そういう風習を絶つことによって、朝廷と寺僧との関係に亀裂を生じさせようとして禁止令を出したもので、あくまで幕府と朝廷との抗争であると見る見方も成り立つ。

しかし、沢庵自身、天皇のたび重なる要請を断固退けて法嗣を立てなかったことを考えれば、仏法を幕府権力、朝廷権力の両方から独立させようという姿勢があったことは明らかであり、紫衣事件はどこまでも、仏法を権力から独立させようとする沢庵の切実な願いに発していたとみるべきであろう。それが、北国への流罪、しかも年老いての流罪を甘受させた理由である。そこには、仏法のために生き、死なんという、彼のなみなみならぬ覚悟がみなぎっている。

だが流罪生活四年めの寛永九（一六三二）年、将軍秀忠の死による大赦が行なわれ、沢庵も許されることとなった。世間の人々の彼に対する信頼と人気は、これによって一段と高まった。沢庵を迎える江戸の人々の熱狂ぶりは、まるで凱旋将軍を迎えるようであったという。しかし、人々の喝采や称賛をよそに、沢庵は何もなかったごとくに堺の南宗寺に引きこもって、従来通り仏法修行に余念がなかった。

沢庵の友人であり知己でもある柳生但馬守《やぎゅうたじまのかみ》や堀丹後守《ほりたんごのかみ》が、彼を無理矢理に将軍家光に会わせたのが寛永十一年であった。家光は、仏法の追究とその実現にしか関心を示そうとしない沢庵、仏法そのものになりきっているとも見える沢庵に、深く敬意を抱かずにはいられなかった。

かつて、全国の諸大名の度胆をぬき、彼らを心服させた家光は、彼らしい流儀で沢庵をもてなそうとした。即ち、沢庵を江戸に迎えるにあたっては、わざわざ老中に命じて彼の宿舎を造らせたり、あるいは彼のために寺を建立し、更には彼を諸宗、諸寺取締りの最高の位置につけようとしたのである。

しかし沢庵は、そのいずれをも断わり、草庵に住む姿勢を崩そうとはしなかった。家光が沢庵のための新居をこわさせるほどのことをしてみせても、沢庵の姿勢を変えさせることはできなかったのである。

結局、柳生や堀が、家光と沢庵の間に入って、彼のために用意された地位は断わり、そのかわり、沢庵が江戸にいる間、気ままに住む寺を造るということで落ちついた。家光は彼のために、それだけのことができるということでも、大いに喜んだという。彼をいかに崇敬していたかということである。

将軍家光からすれば、沢庵を遇する最高の道は、寺を興し、更に諸宗、諸寺を取り締る位置につけるということだったのだが、沢庵はそれを拒否した。そこに、政治世界に最高の権力者として生きる家光と、仏法の世界に生きようとする沢庵との決定的な違いがあった。沢庵にしてみれば、政治の世界の権力者といえども、所詮、仏法のなかではあくせくと生きる一小僧にすぎなかったのである。それに、取締りや指導によって、仏法そのものが、そう簡単に興隆するなどとは、到底考えられもしなかったはずである。

それが、七十三歳でこの世を去るまで貫き通した、沢庵の仏法に生きる姿勢であった。だから、家光の造った寺に拘泥することなく、その後も仏法を求めて放浪する生活は、少しも変わらなかったのである。

三

沢庵の一生は、一言でいえば彼自身の書いた「今の世に順ずれば道に背く、道に背くまじとすれば、世に順ぜず」の言葉に尽きている。それを明かにしているのが、先に述べた、幕府権力や朝廷権力に抗して一歩も退かないという生き方である。仏法のために生き、仏法のために闘った、彼の一生であった。

ここに取り上げた「不動智神妙録《ふどうちしんみようろく》」も、それ以外のものではない。これは、沢庵が柳生但馬守に向かって、剣禅一如を説いたもので、日本兵法の確立に非常に大きな影響を与えたものとして、昔から評価されてきたものである。しかし、その実、仏法を通して剣を説き、更に剣に生きる姿勢を説くなかで、人が人として生きるには、どうすべきか、どうあるべきかを説いたものである。

兵術家柳生と同時に、政治家としての柳生、多くの家来を使う主人としての柳生、人間としての柳生の生き方、在り方が説かれている。詳しくは本文にゆずるとして、彼が最も強調、繰り返し力説したのは、自分が自分になりきる、自分に徹しきるには、どうすべきかということであった。兵法家として、政治家として、人の親として、また、多くの人を使う者として、それに徹しきるためには、その能力を十二分に発揮するためには、どうすべきか、どうあるべきかということであった。

ことに、千手観音《せんじゅかんのん》の具体例をあげて、千の手が自由自在に使え、その各々が十二分に機能を果たすためには、一つの手に心をとらわれることなく、千の手に残りくまなく心が通い、千の手を隙なく支配するところまでいかなくてはならないと説くあたり、まことに適切である。兵法家として多くの敵に対するとき、あるいは、人を使う者として多くの部下に対するとき、どうすべきかということでもある。

千の手に残りくまなく心が通い、千の手を心が支配するということは、個としての自分が、他者としての人間を知り抜き、他者としての人間を自分がのみこみ、支配するということである。

勿論、この場合の支配とは、政治的意味の支配でなく、他者としての人間を完全に洞察し、自分自身を、人間の社会を包含できるところまで肥えふとらせるということである。そうなれば、他者に引きずられることもないし、他者にまどわされるということもない。

沢庵が権力者秀忠の前に屈しなかったのも、また、家光の要求をはねのけたのも、彼自身が、こうして、人間を、世界をのみこみ、自分自身が人間そのもの、世界そのものになりきっているという自信と誇りがあればこそであった。

だからこそ、また、柳生但馬守に向かって、はっきりと苦言を呈し、彼を戒めることができたし、その苦言は、剣のように鋭く、激しかったのである。

「不動智神妙録《ふどうちしんみょうろく》」がはっきりと柳生但馬守に与えたものであるのに対して、「太阿《たいあ》記《き》」は柳生に与えたものであるとか、一刀流の小野忠明《おのただあき》に与えたものであるとか、種々の説があるが、これも要するに剣の極意を語ることを通して、人間とは何か、いかに生くべきかを語ったものである。特に、自分と他者との関係をふまえて、自分と他者はどうあるべきかを説いている。

即ち、太阿《たいあ》という天下に二つとない利剣を例として、人間というものは、総てこの利剣のようになろうと欲すれば、そしてそのための工夫と努力を積み重ねるならば、必ずなれるといいきったものである。

太阿《たいあ》のような利剣になれないのは、欲求がなく、工夫と努力が足りないだけであるというのが、沢庵の意見である。いいかえれば、仏法を全存在で探究し、仏法を全存在で実現しようとする者は、すべて人生の達人であり、至上の人生を歩む者であり、その人は、それによって天上天下唯我独尊になれるというのである。ここに、権力者家光や天皇と互角に対決し、少しも恐れなかった沢庵の自覚がある。

しかも彼は、仏法を太阿《たいあ》という利剣にたとえて、剣は殺人剣ではなく、活人剣でなくてはならないというのである。活人剣にならない兵法家は、未だ未熟というのである。

人に人間としての尊さを感じとらせず、人間として生きる喜びを与えないものは、人間としては未だ未熟だというのである。ということは、兵法家として剣の技に非常に秀でても、人間として秀でない限り、全くかたわであり、そういうかたわが多いということを嘆いたのが、沢庵その人であった。

四

「不動智神妙録《ふどうちしんみようろく》」が自分が自分になりきる方法を説き、「太阿記《たいあき》」が自分と他者との関係を説いているとすれば、「玲瓏集《れいろうしゆう》」は、本質的根源的な立場に立って、自己とは何か、自己は何によって生き、何によって最も自己らしい本質を生かすものかを究明しようとしたものである。

沢庵はまず、人間にとって生命ほど尊いものはないが、その生命も義を行なうために、時に捨てなくてはならないから、この世において最も価値あり、尊ぶべきものは義を実践することであるという。義を実践することで、人間は最も人間らしく生き、人間の本質を遺憾なく発揮できるというのである。

だが、沢庵は、世の中の人々が軽々しく義を行なうことを尊いとし、そのために多くの人が生命を捨てさえするという発言に鋭く反発する。義のために死ぬということは大変なことで、多くの人々が軽々しく生命を捨てているのは、実は多く欲のため、名利のためであって、義のために死ぬのと、欲のために死ぬのとは、はっきり区別しなくてはならないというのである。

義のために死ぬどころか、義を行なおうとして苦闘する者があまりにも少ないことを、彼は嘆くのである。それは、義とは何か、仁とは、徳とは何かということを、まともに考えるということもなく、自己が何であり、何であらねばならないかを考えきっていないためと見る。ここで彼は、義とは、そのまま仏の道であり、人間の生きる道理だと考えている。

しかし、その場合、人間の欲というものを、世の中の人々が重んずるようでいながら、その実これを軽視し、侮蔑していることに対して、沢庵は強い疑問を抱いている。欲こそ、人間の行動の源泉であり、出発点であり、生命と同じように尊いものであると考えるのである。

ただ、その欲をそのままに放置せず、人間の知恵で、その欲に方向を与えなくてはならないと考える。彼にとって、その知恵を人間に与えるものこそ仏法そのものであるのだが、要するに彼は、欲を抑え殺すのでなく、欲を知恵によって生かそうとしたのである。欲の発動を最も活発にしようとしたのである。

名利の欲を道を行なう欲として変革しようというのが、沢庵の立場である。自己を最も人間らしく生きぬこうとする人間に変えるということである。欲望を殺すのでなく、欲望を生かすことによって、最も生命力ある人間として、この世に生きさせようということであったといってもよい。

それが沢庵のものになったとき、逞しい生涯、仏法のために果敢に闘う生涯になったのである。

五

沢庵は、混乱そのものの時代を、自分を殺し、ゆがめることなく、自分自身に生き抜いた。自分自身を貫いて生き抜いた。最も政治的な季節に、政治的権力に妥協することもなく、自ら信じ、奉ずる仏法を政治の上に置こうとして、捨身の生活を生きとおした。

全く見事というほかはないが、それは「不動智神妙録《ふどうちしんみょうろく》」「玲瓏集《れいろうしゅう》」「太阿記《たいあき》」に書いているように、自己とは何かを知り、自己になりきって生きた結果である。自己に最大最高の価値をおき、自分自身の判断、自分自身の命ずるところによって生きた結果である。

今日は、沢庵の時代に数倍する混乱の時代であり、価値喪失の時代であるということができる。しかし、彼のように、自己をとらえ自己になりきって生きることは、今日最も必要なことである。

特に現代社会の、現代文明のなかで、疎外されて生きつづける以外にない現代人にとって、その疎外を克服する道は、彼のように、自分自身に価値をおき、その自分に徹しきって生きるしかない。

現代社会を現代文明を、自分自身の足元にしっかりと捉え、踏みしめる以外にない。そのためにも、沢庵の残した、自己になりきる方法は、今日非常に意味を持っているし、価値を持っている。

生の達人であった沢庵に学ぶべきものは非常に多い。彼を現代に生かすということは、現代社会と現代文明の前に打ちひしがれた現代人を生かすということである。人間としての生命を注入することである。

ことに、今日は、人間の欲望を、政治的、経済的、社会的に開発はしたが、その欲望が人間の知恵を離れて、人間を押しつぶそうとしている時代である。人々はそれにおびえている。

しかし、沢庵のいったように、人間の欲望を人間の知恵の支配下におき、ますます欲望を開発していくならば、何も心配することはない。むしろ、欲望を正当に理解し、正当に位置づけようとする考え方は、まだまだ、不十分である。

沢庵とその思想が生きるのは、むしろ、これからである。

〈付記〉

本書現代訳にあたっては、とくに左記の点に注意した。

原文は昭和初年に刊行された沢庵和尚全集に拠った。即ち、「不動智神妙録」については、数種の異本があるといわれているが、これは柳生家に伝わるものに従っており、「玲瓏集」は沢庵の手鈔で、参徒等に示したという東海寺蔵の真跡本から取ってある。「太阿記」については、前記全集の解題に典拠が明らかにされていないので、はっきりしない。

原文の表記は、明らかに誤記と思われるもの以外は、原文のままにしてあるので、仮名遣いや濁点、句読点の関係で、多少、読みにくい点があるかもしれない。ルビは現代仮名遣いを使用した。

現代訳の際、一応、逐語訳を心がけはしたが、原文の意図するところを正しく伝えるために、部分的に大胆な意訳を試みた。

不動智神妙録

心がとらわれると切られる

無明住地煩悩《むみょうじゅうちぼんのう》

無明《むみょう》という文字は明らかでないという言葉です。明らかでないところに迷《まよ》いが生じるので、迷いを意味します。

仏法には、修行の段階を五十二に分けた、五十二位というものがありますが、住地《じゅうち》とはそのなかの一つです。物事に心が止まることを指しているのです。

住《じゅう》という文字には止まるという意味があり、何かにつけて心が一つのことにとらわれるのを、心が止まる、すなわち住地というのです。

この無明住地《むみょうじゅうち》を、あなたがよくご存知の兵法にたとえて説明してみましょう。

敵が刀を振り上げて切りかかってきたとします。その刀を一目見て、「あっ、来るな。」などと思うと、相手の刀の動きに心がひきずられて、こちらは自由に動くことができずに切られてしまいます。
打ちこんできた刀を見ることは見るのですが、それに対して、ここで相手の刀を切りかえそうとか、どう打ちこもうかなどと思慮分別《しりよふんべつ》を一切持たずに、つまり少しもとらわれることなく、ただただ相手の刀に応じていけば、切りかかってきた刀をこちらにもぎ取って、かえって相手を切ることができるのです。

［註］五十二位＝瓔珞教《ようらくきよう》に説いてある菩薩修行の、五十二の段階。十信、十住、十行、十廻向、十地、等覚、妙覚の順で、十廻向までを凡夫、その上が聖者の位とされている。

無明《むみよう》とは、明《あきらか》になしと申《もう》す文字《もじ》にて候《そろ》。迷《まよい》を申《もう》し候《そろ》。
住地《じゆうち》とは、止《とどま》る位《くらい》と申《もう》す文字《もじ》にて候《そろ》。仏法修行《ぶつぽうしゆぎよう》に、五十二位《ごじゆうにい》と申《もう》す事《こと》の候《そろ》。その五十二位《ごじゆうにい》の内《うち》に、物毎《ものごと》に心《こころ》の止《とどま》る所《ところ》を、住地《じゆうち》と申《もう》し候《そろ》。住《じゆう》は止《とどま》ると申《もう》す義理《ぎり》にて候《そろ》。止《とどま》ると申《もう》すは、何事《なにごと》に付《つい》ても其事《そのこと》に心《こころ》を止《とどむ》るを申《もう》し候《そろ》。貴殿《きでん》の兵法《へいほう》にて申《もう》し候《そうら》はゝ、向《むこ》ふより切太刀《きりだち》を一目見《ひとめみ》て、其儘《そのまま》にそこにて合《あ》はんと思《おも》へは、向《むこ》ふの太刀《たち》に其儘《そのまま》に心《こころ》が止《とどま》りて、手前《てまえ》の働《はたらき》か抜《ぬ》け候《そうろう》て、向《むこ》ふの人《ひと》にきられ候《そろ》。是《こ》れを止《とどま》ると申《もう》し候《そろ》。

打太刀《うちだち》を見《み》る事《こと》は見《み》れども、そこに心《こころ》をとめず、向《むこ》ふの打太刀《うちだち》に拍子合《ひょうしあわ》せて、打《う》たうとも思《おも》はず、思案分別《しあんふんべつ》を残《のこ》さず、振上《ふりあぐ》る太刀《たち》を見《み》るや否《いな》や、心《こころ》を卒度《そっと》止《とど》めず、其《その》まゝ付入《つけいり》て、向《むこ》ふの太刀《たち》にとりつかは、我《われ》をきらんとする刀《かたな》を、我《わ》か方《かた》へもぎとりて、却《かえっ》て向《むこ》ふを切《き》る刀《かたな》となるべく候《そろ》。

とらわれる心が迷い

禅宗《ぜんしゅう》では、これを還《かえ》って鎗頭《そうとう》を把《つか》み倒《さかし》まに人《ひと》を刺《さ》し来《きた》るといっています。鎗《そう》はほこのことをいいます。人の持っている刀を我が方にもぎ取って、逆に相手を切るということです。あなたのいわれる無刀ということがそれです。

向こうから打ってこようが、こちらから打っていこうが、どんな人がどう打ってくるかなど、どんなことにでも、ちょっとでも心がとらわれてしまうと、こちらの動きがお留守になって切られてしまうでしょう。

敵の心を意識的に知ろうとすれば、かえって敵に心を見すかされます。自分の心を一定以上にひきしめておくのは、初心者の頃、未だ修行を始めたばかりの時のことです。

自分の刀の動きを気にすれば、自分の刀に心をとられ、打ちこむ瞬間に気を使えば、それに心をとられ、自分の心の在りように気を使えば、自分の心に心をとられてしまいます。このようなことでは、自分自身は抜殻《ぬけがら》のようなもので、なんの働きもできません。

あなたにも、そんな体験はおありのことと思います。それを仏法にあてはめて申しました。

仏法では、このとらわれる心を迷いといい、無明住地煩悩《むみょうじゅうちぼんのう》というのであります。

禅宗《ぜんしゅう》には是《これ》を還把二鎗頭一倒刺レ人来《かえってそうとうをつかみさかしまにひとをさしきた》ると申《もう》し候《そろ》。鎗《そう》はほこにて候《そろ》。人《ひと》の持《も》ちたる刀《かたな》を我《わ》か方《かた》へもぎ取《と》りて。還《かえつ》て相手《あいて》を切《き》ると申《もう》す心《こころ》に候《そろ》。貴殿《きでん》の無刀《むとう》と仰《おお》せられ候事《そうろうこと》にて候《そろ》。

向《むこ》ふから打《う》つとも、吾《われ》から討《う》つとも、打《う》つ人《ひと》にも打《う》つ太刀《たち》にも、程《ほど》にも拍子《ひょうし》にも、卒度《そっと》も心《こころ》を止《とど》めれば、手前《てまえ》の働《はたらき》は皆抜《みなぬ》け候《そうろう》て、人《ひと》にきられ可レ申候《もうすべくそろ》。

敵《てき》に我身《わがみ》を置《お》けば、敵《てき》に心《こころ》をとられ候間《そうろうあいだ》、我身《わがみ》にも心《こころ》を置《お》くべからず。我《わ》か身《み》に心《こころ》を引《ひ》きしめて置《お》くも、初心《しょしん》の間《あいだ》、習入《ならいい》り候時《そうろうとき》の事《こと》なるべし。

太刀《たち》に心《こころ》をとられ候《そろ》。拍子合《ひょうしあい》に心《こころ》を置《お》けば、拍子合《ひょうしあい》に心《こころ》をとられ候《そろ》。我太刀《わがたち》に心《こころ》を置《お》けば、我太刀《わがたち》に心《こころ》をとられ候《そろ》。これ皆心《みなこころ》のとまりて、手前抜殻《てまえぬけがら》になり申《もう》し候《そろ》。貴殿御覚《きでんおんおぼ》え可レ有候《あるべくそろ》、仏法《ぶっぽう》と引当《ひきあ》て申《もう》すにて候《そろ》。

仏法《ぶっぽう》には、此止《このとど》まる心《こころ》を迷《まよ》いと申《もう》し候《そろ》。故《ゆえ》に無明住地煩悩《むみょうじゅうちぼんのう》と申《もう》すことにて候《そろ》。

不動明王の教え

諸仏不動智《しょぶつふどうち》

諸仏不動智という言葉があります。

不動《ふどう》とは動かないということ、智《ち》は智恵の智です。動かないといっても、石や木のように、全く動かぬというのではありません。心は四方八方、右左と自由に動きながら、一つの物、一つの事には決してとらわれないのが不動智《ふどうち》なのです。

不動明王《ふどうみょうおう》は、右手に剣《つるぎ》を握り、左手に縄《なわ》を持ち、歯をむき出し眼《まなこ》を怒らして、仏法を妨げようとする悪魔をとり押さえようと突立っておられるとされています。しかし、この不動明王は、仏法を守護するものとして姿、顔、かたちを作られておりながら、実は不動智を体現したものとして、不動智の姿を人々に見せておられるのです。

何もわからぬ普通の人間は、この姿に恐れて、仏法を妨げるようなことなど、決してしまいと思うのですが、悟りに近づいた人々は、不動智ということをはっきりと知って、一切の迷いを晴らすのです。

つまり、誰でも、不動明王ほどに不動智を自分自身のものにすることができれば、どんな悪魔にも負けることはないと、不動明王の姿は語っているのです。

諸仏《しよぶつ》不動智《ふどうち》と申《もう》す事《こと》、不動《ふどう》とは、うごかずといふ文字《もじ》にて候《そろ》。智《ち》は智慧《ちえ》の智《ち》にて候《そろ》。不動《ふどう》と申《もう》し候《そうろう》ても、石《いし》か木《き》かのやうに、無性《むしよう》なる義理《ぎり》にてはなく候《そろ》。向《むこ》ふへも、左《ひだり》へも、右《みぎ》へも、十方八方《じつぽうはつぽう》へ、心《こころ》は動《うご》き度《た》きやうに動《うご》きながら、卒度《そつと》も止《とどま》らぬ心《こころ》を、不動智《ふどうち》と申《もう》し候《そろ》。

不動明王《ふどうみようおう》と申《もう》して、右《みぎ》の手《て》に剣《つるぎ》を握《にぎ》り、左《ひだり》の手《て》に縄《なわ》を取《と》りて、歯《は》を喰出《くいだ》し、目《まなこ》を怒《いか》らし、仏法《ぶつぽう》を妨《さまた》げん悪魔《あくま》を、降伏《ごうぶく》せんとて突立《つつたつ》て居《お》られ候《そうろう》姿《すがた》も、あの様《よう》なるが。何国《いずく》の世界《せかい》にもかくれて居《お》られ候《そうろう》にてはなし。容《かたち》をば、仏法守護《ぶつぽうしゆご》の形《かたち》につくり、体《たい》をば、この不動智《ふどうち》を体《たい》として、衆生《しゆじよう》に見《み》せたるにて候《そろ》。

一向《いっこう》の凡夫《ぼんぷ》は、怖《おそ》れをなして仏法《ぶっぽう》に仇《あだ》をなさじと思《おも》ひ。悟《さとり》に近《ちか》き人《ひと》は、不動智《ふどうち》を表《あらわ》したる所《ところ》を悟《さと》りて、一切《いっさい》の迷《まよい》を晴《は》らし、即《すなわ》ち不動智《ふどうち》を明《あきら》めて、此身《このみ》即《すなわ》ち不動《ふどう》明王《みようおう》程《ほど》に、此心法《このしんほう》をよく執行《しぎよう》したる人《ひと》は、悪魔《あくま》もいやまさぬぞと、知《し》らせん為《ため》の不動明王《ふどうみようおう》にて候《そろ》。

とらわれた心は動けない

不動明王とは、人の心の動かぬさま、物ごとに止まらぬことを表わしているのです。何かを一目見て、心がとらわれると、いろいろな気持や考えが胸のなかに湧き起こります。胸のなかで、あれこれと思いわずらうわけです。こうして、何かにつけて心がとらわれるということは、一方では心を動かそうとしても動かないということなのです。自由自在に心を動かすことができないのです。

たとえば、十人の敵が一太刀ずつ、こちらに浴びせかけてきたとします。この時、一太刀を受け流して、それはそのままに心を残さず、次々と打ってくる一太刀一太刀を同じように受け流すなら、十人全部に対して、立派に応戦できるはずです。十人に対して十度心を動かしながら、どの一人にも心を止めることをしなければ、どの敵に対しても応じられるのです。もし、一人の敵を前にして、心が止まるようなことがあれば、その一人の太刀は受け流すことができても、次の敵に対して、こちらの動きが抜けてしまうことになるでしょう。

然《しか》れば不動明王《ふどうみようおう》と申《もう》すも、人《ひと》の一心《いっしん》の動《うご》かぬ所《ところ》を申《もう》し候《そろ》。又《また》身《み》を動転《どうてん》せぬことにて候《そろ》。動転《どうてん》せぬとは、物毎《ものごと》に留《とどま》らぬ事《こと》にて候《そろ》。物一目《ものひとめ》見《み》て、其心《そのこころ》を止《とど》めぬを不動《ふどう》と申《もう》し候《そろ》。なぜなれば、物《もの》に心《こころ》が止《とどま》り候《そうら》へば、いろ〳〵の分別《ふんべつ》か胸《むね》に候間《そうろうあいだ》、胸《むね》のうちにいろ〳〵に動《うご》き候《そろ》。止《とどま》れは止《とどま》る心《こころ》は動《うご》きても動《うご》かぬにて候《そろ》。

譬《たと》へば十人《じゅうにん》して一太刀《ひとたち》づゝ我《われ》へ太刀《たち》を入《い》るゝも、一太刀《ひとたち》を受流《うけなが》して、跡《あと》に心《こころ》を止《とど》めず、跡《あと》を捨《す》て跡《あと》を拾《ひろ》ひ候《そうら》はゞ、十人《じゅうにん》ながらへ働《はたらき》を欠《か》かさぬにて候《そろ》。十人十度心《じゅうにんじゅうどこころ》は働《はたら》けども、一人《ひとり》にも心《こころ》を止《とど》めずば、次第《しだい》に取合《とりあ》ひて働《はたらき》は欠《か》け申《もう》間敷候《すまじくそろ》。

若《も》し又一人《またひとり》の前《まえ》に心《こころ》が止《とど》まり候《そうら》はゞ、一人《ひとり》の打太刀《うちだち》をば受流《うけなが》すべけれども、二人《ふたり》めの時《とき》は、手前《てまえ》の働抜《はたらきぬ》け可《もうす》レ申《べく》候《そろ》。

千手観音の不動智

千手観音《せんじゅかんのん》だとて、手が千本おありになりますが、もし、弓を持っている一つの手に心がとらわれてしまえば、残りの九百九十九の手は、どれも役にはたちますまい。一つの所に心を止めないからこそ、千本の手が皆、役に立つのです。

いかに観音とはいえ、どうして一つの身体に千本もの手を持っておられるのかといえば、不動智を身につけることができれば、たとえ身体に千本の手があったとしても、立派に使いこなせるのだということを人々に示すために作られた姿なのです。

たとえば、一本の木を見ているとしましょう。そのなかの赤い葉一枚に心を止めて見れば、残りの葉は目に入らないものです。

葉の一枚一枚に目を止めずに、木の全体を何ということもなく見るなら、たくさんの葉が全部、目に入ります。

一枚の葉に心をとらえられれば残りの葉は見えません。一枚の葉に心をとらえられることがなければ、何千枚の葉だろうと、すっかり見えるのです。

このことを悟った人は、つまり千手千眼の観音と同じです。

それなのに、一般の人々は、ただただ、一つのお身体に千本の手、千の眼を持っておられるのだから有難いとばかり思いこんでいるのです。そして生半可《なまはんか》の者は、一つの身体に千の眼があるなんて、嘘にきまっていると考えて、仏法をそしるのです。もっとよく知れば、わけも解らず信じこんだり、反対にそしったりするのでなく、道理をよく理解して尊び、信じることになります。仏法は一つの物によって、理を表わしているのですから。

仏法に限らず、諸々の道は、すべてこういうものです。特に神道はそうだと見ております。

何でも表面の一皮だけを見るのが一般の人ですが、浅い知識でこれを馬鹿にして非難するのはなお悪いことです。何事にも、そのなかには道理が含まれているからです。この道、あの道と、道筋はさまざまですが、極まる所は同じだということです。

千手観音《せんじゆかんのん》とて手《て》が千御入《せんおんい》り候《そうら》はゞ、弓《ゆみ》を取《と》る手《て》に心《こころ》が止《とどま》らば、九百九十九《きゆうひやくきゆうじゆうく》の手《て》は皆用《みなよう》に立《た》ち申《もう》す間敷《まじく》。一所《いつしよ》に心《こころ》を止《とど》めぬにより、手《て》が皆用《みなよう》に立《た》つなり。観音《かんのん》とて身《み》一《ひと》つに千《せん》の手《て》が何《なに》しに可《ある》レ有候《べくそろ》。不動智《ふどうち》が開《ひら》け候《そうら》へば、身《み》に手《て》が千《せん》有《あ》りても、皆用《みなよう》に立《た》つと云《い》ふ事《こと》を、人《ひと》に示《しめ》さんが為《た》めに、作《つく》りたる容《かたち》にて候《そろ》。

仮令《たとえ》一本《いつぽん》の木《き》に向《むか》ふて、其内《そのうち》の赤《あか》き葉《は》一《ひと》つを見《み》て居《お》れば、残《のこ》りの葉《は》は見《み》えぬなり。葉《は》ひとつに目《め》をかけずして、一本《いつぽん》の木《き》に何心《なにごころ》もなく打《う》ち向《むか》ひ候《そうら》へば、数多《あまた》の葉残《はのこ》らず目《め》に見《み》え候《そろ》、葉《は》一《ひと》つに心《こころ》をとられ候《そうら》はゞ、残《のこ》りの葉《は》は見《み》えず。一《ひと》つに心《こころ》を止《とど》めねば、百千《ひやくせん》の葉《は》みな見《み》え申《もう》し候《そろ》。

是《これ》を得心《とくしん》したる人《ひと》は、即《すなわ》ち千手千眼《せんじゆせんがん》の観音《かんのん》にて候《そろ》。

然《しか》るを一向《いつこう》の凡夫《ぼんぷ》は、唯一筋《ただひとすじ》に、身《み》一《ひと》つに千《せん》の手《て》、千《せん》の眼《まなこ》が御座《ござ》して難《ありがたし》レ有と信《しん》じ候《そろ》。又《また》なまものじりなる人《ひと》は、身《み》一《ひと》つに千《せん》の眼《まなこ》が、何《なに》しにあるらん、虚言《そらごと》よ。と破《やぶ》り譏《そし》る也《なり》。今少《いますこ》し能《よ》く知《し》れば、凡夫《ぼんぷ》の信《しん》ずるにても破《やぶ》るにてもなく、道《どう》理《り》の上《うえ》にて尊信《そんしん》し、仏法《ぶつぽう》はよく一物《いちぶつ》にして其理《そのことわり》を顕《あらわ》す事《こと》にて候《そろ》。

諸道《しよどう》ともに斯様《かよう》のものにて候《そろ》。神道《しんとう》は別《べつ》して其道《そのみち》と見及《みおよ》び候《そろ》。

有《あり》の儘《まま》に思《おも》ふも凡夫《ぼんぷ》、又打破《またうちやぶ》れば猶悪《なおわる》し。其内《そのうち》に道理有《どうりあ》る事《こと》にて候《そろ》。此道《このみち》、彼《かの》

道《みち》さまゞに候《そうら》へども、極所《きわまるところ》は落着候《らくちやくそろ》。

無心無念になりきるまで

さて、初心から修行を始めて、不動智を自分のものにすると、もう一度初心に戻るということがあります。

これを、兵法にたとえて説明しましょう。

はじめて刀を持つ者は、どうやって刀を構えてよいかすらわかりませんから、何事も心にかかりません。相手が打ちこんでくると、思わず立ち向かおうとするだけです。

それが、刀を構えるにはこう、その時、どんな点に気をつければよいかなど、いろいろな事を教えられるに従って、あれやこれやと気にかかるようになり、かえって身のこなしも不自由になるものです。

しかし、長い年月の間、稽古を積んでゆくと、どういうふうに身を構えようかとか、刀はどうなどとは少しも思わなくなって、ついには、自然に、何も知らなかった初心の時のように、無心の状態でいられるようになるのです。

最初と最後は似たようなものだということでしょうか。一から十まで数えていけば、一と十は隣になります。音の高さを表わす調子でも、一番低い壱越《いちこつ》から、だんだん上げていって、同じ調子の高い所が上無《かみむ》となり、その上は、上の調子の壱越《いちこつ》です。つまり下の調子の最高は、上の調子の最低と隣あわせになるのです。

一、壱越《いちこつ》　二、断金《たんぎん》　三、平調《ひょうじょう》　四、勝絶《しょうぜつ》　五、下無《しもむ》　六、双調《そうじょう》　七、鳧鐘《ふしょう》　八、つくせき（黄鐘《おうしき》）　九、蛮《らん》（打けい）（鸞鏡《らんけい》）　十、盤渉《ばんしき》　十一、神仙《しんせん》　十二、上無《かみむ》

ずっと高い音と、ずっと低い音とは似たものになるのです。仏法にしても、深いところまで行きつけば、人目を驚かすような仰々《ぎょうぎょう》しいものは、すっかりなくなってしまうものです。

初心の頃の無明《むみょう》と煩悩《ぼんのう》、それに修行した果ての不動智《ふどうち》とが一つとなって、無心無念になりきることができるのです。最高の地点に到達すれば、何をするにも手足がひとりでに動いて、そのことに少しも心をわずらわせないようになるということです。

扨初心《さてしょしん》の地《ち》より修行《しゅぎょう》して不動智《ふどうち》の位《くらい》に至《いた》れば、立帰《たちかえり》て住地《じゅうち》の初心《しょしん》の位《くらい》へ落《お》つべき子細御入《しさいおんい》り候《そろ》。

貴殿《きでん》の兵法《へいほう》にて可レ申候《もうすべくそろ》。

初心《しょしん》は身《み》に持《も》つ太刀《たち》の構《かまえ》も何《なに》も知《し》らぬものなれば、身《み》に心《こころ》の止《とどま》る事《こと》もなし。人《ひと》が打《う》ち候《そうら》へは、つひ取合《とりあ》ふばかりにて、何《なん》の心《こころ》もなし。

然《しか》る処《ところ》にさまぐ〵の事《こと》を習《なら》ひ、身《み》に持《も》つ太刀《たち》の取様《とりよう》、心《こころ》の置所《おきどころ》、いろいろの事《こと》を教《おし》へぬれは、色々《いろいろ》の処《ところ》に心《こころ》が止《とどま》り、人《ひと》を打《う》たんとすれば、兎《と》や角《かく》して殊《こと》の外《ほか》不《ふ》自由《じゆう》なる事《こと》、日《ひ》を重《かさ》ね年月《としつき》をかさね、稽古《けいこ》をするに従《したが》ひ、後《のち》は身《み》の構《かまえ》も太刀《たち》の取《とり》様《よう》も、皆心《みなこころ》のなくなりて、唯最初《ただざいしょ》の、何《なに》もしらず習《なら》はぬ時《とき》の、心《こころ》の様《よう》になる也《なり》。

是《こ》れ初《はじめ》と終《おわり》と同《おな》じやうになる心持《こころもち》にて、一《いち》から十《じゅう》までかぞへまはせば。一《いち》と十《じゅう》と隣《となり》になり申《もう》し候《そろ》。調子《ちょうし》なども、一《いち》の初《はじめ》の低《ひく》き一《いち》をかぞへて上無《かみむ》と申《もう》す高《たか》き調子《ちょうし》へ行《ゆ》き候《そうら》へば、一《いち》の下《した》と一《いち》の上《うえ》とは隣《とな》りに候《そろ》。

一、壱越《いちこつ》。二、断金《たんぎん》。三、平調《ひょうじょう》。四、勝絶《しょうぜつ》。五、下無《しもむ》。六、双調《そうじょう》。七、鳧鐘《ふしょう》。八、つくせき。九、蛮《らん》（打けい）。十、盤渉《ばんしき》。十一、神仙《しんせん》。十二、上無《かみむ》。づゝと高《たか》きと、づゝと低《ひく》きは似《に》たるものになり申《もう》し候《そろ》。仏法《ぶっぽう》も、づゝとたけ候《そうら》へは、仏《ほとけ》とも法《ほう》とも知《し》らぬ人《ひと》のやうに、人《ひと》の見《み》なす程《ほど》の、飾《かざり》も何《なに》もなくなるものにて候《そろ》。

故《ゆえ》に初《はじめ》の住地《じゅうち》の、無明《むみょう》と煩悩《ぼんのう》と、後《のち》の不動智《ふどうち》とが一つに成《な》りて、智慧働《ちえはたらき》の分《ぶん》は失《う》せて、無心無念《むしんむねん》の位《くらい》に落着申《らくちゃくもう》し候《そろ》。至極《しごく》の位《くらい》に至《いた》り候《そうら》えば。手足身《てあしみ》が覚《おぼ》え候《そうらい》て、心《こころ》は一切《いっさい》入《い》らぬ位《くらい》になる物《もの》にて候《そろ》。

いたずらならぬ、かかしの姿

鎌倉《かまくら》の仏国国師《ぶっこくこくし》の歌に「心ありてもるとなけれど小山田《おやまだ》に、いたづらならぬかかしなりけり」というのがあります。

かかしは、自分で田んぼの稲穂を守ろうと考えているわけではないのですが、弓矢を持った人形のかかしを見て、鳥や獣は恐れて逃げるのです。人形であるかかしに心はないのですけれども、ちゃんと用を足しているのだということです。

どのような道を修めるにしても、その極まる所に到達した人の所作《しょさ》をたとえたものです。身体の総てを動かしながら、心はそのどこにもとらわれず、無念無心、かかしのようになれるのです。

何もわからぬ無智な人間は、もともと智の働きがないのですから、表面に表われるものもありません。また、はるかに深い所まで到達した智恵は、もはや決して表面に出るようなことはありません。単なる物知りは、知っていることをひけらかそうとして、表に出すので、滑稽なことになります。近頃の出家《しゅつけ》の様子など、さぞ、みっともないとお思いになるでしょう。恥ずかしく存じます。

［註］仏国国師（仏国応供広済国師―高峰顕日《こうほうけんにち》）＝後嵯峨天皇の皇子。十六歳で東福寺円爾に従い、また建長寺の湯薬侍者となった。のち無学禅師、無準師範、一山国師《いっさんこくし》に参禅した。一三一六年、七六歳で死ぬ。語録や和歌集がある。

鎌倉《かまくら》の仏国国師《ぶつこくこくし》の歌《うた》にも、「心《こころ》ありてもるとなけれど小山田《おやまだ》に、いたづらならぬかゝしなりけり」。皆此歌《みなこのうた》の如《ごと》くにて候《そろ》。山田《やまだ》のかゝしとて、人形《にんぎょう》を作《つく》りて弓矢《ゆみや》を持《もた》せておく也《なり》。鳥獣《とりけもの》は是《これ》を見《み》て逃《にぐ》る也《なり》。此人形《このにんぎょう》に一切心《いっさいこころ》なけれども、鹿《しか》がおじてにぐれば、用《よう》がかなふ程《ほど》に、いたづらならぬ也《なり》。

万《よろず》の道《みち》に至《いた》り至《いた》る人《ひと》の所作《しょさ》のたとへ也《なり》。手足身《てあしみ》の働斗《はたらきばかり》にて、心《こころ》がそつともとゝまらずして、心《こころ》がいづくに有《あ》るともしれずして、無念無心《むねんむしん》にて山田《やまだ》のかかしの位《くらい》にゆくものなり。

一向《いっこう》の愚痴《ぐち》の凡夫《ぼんぷ》は、初《はじめ》から智慧《ちえ》なき程《ほど》に、万《よろず》に出《いで》ぬなり。又《また》づゝとたけ至《いた》りたる智慧《ちえ》は、早《はや》ちかへ処入《ところいる》によりて一切出《いっさいいで》ぬなり。また物知《ものし》りなるによって、智慧《ちえ》が頭《あたま》へ出《い》で申《もう》し候《そうろう》て、をかしく候《そろ》。今時分《いまじぶん》の出家《しゅっけ》の作法《さほう》ども、嘸《さぞ》をかしく可《おぼし》二思召《めすべく》一候《そろ》。御恥《おはず》かしく候《そろ》。

理を支える技、技を生かす理

理《り》の修行、事《わざ》の修行ということがあります。

理とは右に申しましたように、ゆきつく所にいけば、何にもとらわれないということで、無心になる修行をいいます。くわしいことは、もう既に書き記した通りです。ところが、どれほどに理の修行を積んでも、事の修行をしなければ、手も身体も思うように働かすことができません。事の修行とは、兵法でいえば五つの身の構えなど、さまざまに習う、技術の修行です。

どれほど理がわかっていても、身を自由に働かせる技術がなければなんにもなりません。反対に、太刀の扱いがどんなに上手でも、理の行きつく所を知らなくては、技を生かすことができないのです。事と理、それは車の両輪のように、二つそろっていなくては役に立たないものです。

理之修行《りのしゆぎよう》。事之修行《わざのしゆぎよう》。と申《もう》す事《こと》の候《そろ》。

理《り》とは右《みぎ》に申上候如《もうしあげそうろうごと》く、至《いた》りては何《なに》も取《とり》あはず。唯一心《ただいっしん》の捨《すて》やうにて候《そろ》。段々右《だんだんみぎ》に書付《かきつ》け候如《そうろうごと》くにて候《そろ》。

然《しか》れども、事《わざ》の修行《しゅぎよう》を不レ仕候《つかまつらずそうら》えば、道理《どうり》ばかり胸《むね》に有《あ》りて、身《み》も手《て》も不レ働《はたらかず》候《そろ》。事之修行《わざのしゆぎよう》と申《もう》し候《そうろう》は、貴殿《きでん》の兵法《へいほう》にてなれは、身構《みがまえ》の五箇《ごこ》に一字《いちじ》の、さまくの習事《ならいこと》にて候《そろ》。

理《り》を知《し》りても、事《わざ》の自由《じゆう》に働《はたら》かねばならず候《そろ》。身《み》に持《も》つ太刀《たち》の取《とり》まはし能《よ》く候《そうろう》ても、理《り》の極《きわま》り候所《そうろうところ》の闇《くら》く候《そうろう》ては、相成間敷候《あいなるまじくそろ》。事理《じり》の二つは、車《くるま》の輪《わ》の如《ごと》くなるべく候《そろ》。

間髪を容れない心の状態

間不レ容レ髪《かんはつをいれず》

間《かん》、髪《はつ》を容《い》れずということがあります。これを兵法にたとえて述べてみましょう。

これは、物を二つ重ね合わせた間に、髪一筋《かみひとすじ》も入る隙がないということです。

たとえば、手をポンと叩くその瞬間に、ハッシと声が出ます。打つ手と出る声の間には、髪の毛一本入る暇もありません。

手を叩いて、さて声を出すかと考え、一瞬の間をおいて声が出るというのではないのです。打った時には自然に声が出るというぐあいです。

人が打ちこんできた太刀に心が止まれば、そこに隙ができます。その隙にこちらからの働きが、お留守になるのです。向こうが打ってきた太刀と、それに応える我が方の働きとの間に、髪の毛一本入らぬようなら、人の打つ太刀は自分の太刀となるのが当然です。

禅の問答でも、このように間髪を容れない心の状態を大切にします。仏法では、心が何かにひっかかって、物に心の残ることを嫌います。それで、心の止まることを煩《ぼん》悩《のう》というのです。

激しい流れの川に玉を流すように、どっと流れて少しも止まることのない、心の状態を尊ぶのです。

間不レ容レ髪《かんはつをいれず》と申《もう》す事《こと》の候《そろ》。貴殿《きでん》の兵法《へいほう》にたとへて可レ申候《もうすべくそろ》。

間《かん》とは、物《もの》を二《ふた》つかさね合《あ》ふたる間《あいだ》へは、髪筋《かみすじ》も入《はい》らぬと申《もう》す義《ぎ》にて候《そろ》。

たとへば手《て》をはたと打《う》つに、其儘《そのまま》はつしと声《こえ》が出《い》で候《そろ》。打《う》つ手《て》の間《あいだ》へ、髪筋《かみすじ》の入程《いるほど》の間《ま》もなく声《こえ》が出《い》で候《そろ》。

手《て》を打《う》つて後《のち》に、声《こえ》が思案《しあん》して間《ま》を置《お》いて出《い》で申《もう》すにては無《な》く候《そろ》。打《う》つと其《その》儘《まま》、音《おと》が出《い》で候《そろ》。人《ひと》の打《う》ち申《もう》したる太刀《たち》に心《こころ》が止《とど》まり候《そうら》えば。間《ま》が出来《でき》候《そろ》。其間《そのま》に手前《てまえ》の働《はたらき》が抜《ぬ》け候《そろ》。向《むこ》ふの打《う》つ太刀《たち》と、我働《わがはたらき》との間《あいだ》へは、髪筋《かみすじ》も入《はい》らず候程《そうろうほど》ならば。人《ひと》の太刀《たち》は我太刀《わがたち》たるべく候《そろ》。

禅《ぜん》の問答《もんどう》には、此心《このこころ》ある事《こと》にて候《そろ》。仏法《ぶっぽう》にては、此止《このとど》まりて物《もの》に心《こころ》の残《のこ》ることを嫌《きら》ひ申《もう》し候《そろ》。故《ゆえ》に止《とど》まるを煩悩《ぼんのう》と申《もう》し候《そろ》。

たてきつたる早川《はやかわ》へも、玉《たま》を流《なが》す様《よう》に乗《の》つて、どつと流《なが》れて少《すこ》しも止《とど》まる心《こころ》なきを尊《たっと》び候《そろ》。

心を止めないことが肝要

石火之機《せっかのき》

石火《せっか》の機《き》ということがあります。これも、間髪を容れずと同じです。石をハタと打つと、その瞬間、光が出る。石を打つのと火が出るとの間に隙間というものはありません。

つまり、心を止める間のないことを表わしているのであって、これを素早いことを意味しているのだなどと理解するのはいけません。心を物に止めないということが大切なのです。素早いというのも、結局は心を止めないから早いので、そこが肝心なところです。

心が何かにかかずらわれば、人にこちらの心を捉えられてしまいます。早くしようと心のなかで予め思って早くすれば、心はその予め思ったことに奪われるのです。

西行《さいぎよう》の歌集に「世《よ》をいとふ人《ひと》とし聞《き》けはかりの宿《やど》に、心止《こころと》むなと思《おも》ふはかりぞ」（世の中を厭う人というが、所詮この世はかりの宿、厭うほどに心を止めてはならぬのだ）という歌があります。

この歌は、江口《えぐち》の遊女が詠んだ歌です。「心とむなと思ふはかりぞ」という下の句は、兵法の極意を極めたものにあたります。心を止めないこと、これが肝要です。

禅宗で「仏とは」と問えば、拳を差し上げることでしょう。「仏法の極意とは」と問えば、問う声が未だ終らぬうちに「一枝の梅の花である」とか「庭の柏の樹である」などと答えるに違いありません。

その答が善いとか悪いとかをいうよりも、止まらぬ心を尊ぶのです。

止まらぬ心は、色にも香りにも移ることがありません。この移らぬ心の姿を神といい、仏といい、禅心とも極意ともいうのですが、考えに考えていうのならば、立派な文句をいったとしても、それは迷いとされるのです。

石火之機《せっかのき》と申《もう》す事《こと》の候《そろ》。是《これ》も前《まえ》の心持《こころもち》にて候《そろ》。

石《いし》をハタと打《う》つや否《いな》や、光《ひかり》が出《い》で、打《う》つと其《その》まゝ出《いづ》る火《ひ》なれば、間《あいだ》も透間《すきま》もなき事《こと》にて候《そろ》。是《これ》も心《こころ》の止《とどま》るべき間《あいだ》のなき事《こと》を申《もう》し候《そろ》。

早《はや》き事《こと》ばかり心得候《こころえそうら》へば、悪敷候《あしくそろ》。心《こころ》を物《もの》に止《とど》め間敷《まじく》と云《い》ふが詮《せん》にて候《そろ》。早《はや》きにも心《こころ》の止《とどま》らぬ所《ところ》を詮《せん》に申《もう》し候《そろ》。心《こころ》が止《とどま》れば、我心《わがこころ》を人《ひと》にとられ申《もう》し候《そろ》。早《はや》くせんと思《おも》ひ設《もう》けて早《はや》くせば、思《おも》ひ設《もう》ける心《こころ》に、又心《またこころ》を奪《うば》はれ候《そろ》。

西行《さいぎょう》の歌集《かしゅう》に「世《よ》をいとふ人《ひと》とし聞《き》けはかりの宿《やど》に、心止《こころと》むなと思《おも》ふはかりぞ」と申《もう》す歌《うた》は、江口《えぐち》の遊女《ゆうじょ》のよみし歌《うた》なり。心《こころ》とむなと思《おも》ふはかりぞと云《い》ふ下《しも》句《のく》の引合《ひきあわ》せは、兵法《へいほう》の至極《しごく》に当《あた》り可レ申候《もうすべくそろ》。心《こころ》をとどめぬが肝要《かんよう》にて候《そろ》。

禅宗《ぜんしゅう》にて、如何是仏《いかなるかこれほとけ》と問《と》ひ候《そうら》はゞ、拳《けん》をさしあぐべし。如何《いかなる》か仏法《ぶっぽう》の極意《ごくい》と問《と》はゞ、其声未《そのこえいま》だ絶《た》たざるに、一枝《いっし》の梅花《ばいか》となりとも、庭前《ていぜん》の柏樹子《はくじゅし》となりとも答《こた》ふべし。

其答話《そのとうわ》の善悪《ぜんあく》を撰《えら》ぶにてはなし。止《とどま》らぬ心《こころ》を尊《たつと》ぶなり。

止《とど》まらぬ心《こころ》は、色《いろ》にも香《か》にも移《うつ》らぬ也《なり》。此移《このうつ》らぬ心《こころ》の体《たい》を神《かみ》とも祝《いわ》ひ、仏《ほとけ》とも尊《たつと》び、禅心《ぜんしん》とも、極意《ごくい》とも、申候《もうしそうら》へども、思案《しあん》して後《のち》に云《い》ひ出《いだ》し候《そうら》へば、金言妙《きんげんみょう》句《く》にても、住地煩悩《じゅうちぼんのう》にて候《そろ》。

不動智を自分のものにする

石火《せっか》の機《き》というのも、光を放つ火花ほどの早さを指すのです。

たとえば「右衛門《うえもん》」と呼びかけると同時に「あっ」と答えるのを不動智といいます。「右衛門」と呼びかけられて、はて、何の用があるのだろうなどと思いめぐらしてから、「何の用でしょう」などというのは心に迷いがあるからです。

止まっていて、物に動かされたり迷わされたりする心は迷いに止まっているということで、そういう人が凡夫なのです。「右衛門」と呼ばれて、「おっ」と答えるのが諸《しょ》仏智《ぶっち》なのです。

仏《ほとけ》と衆生《しゅじょう》といいますが、この二つは別々のものではありません。同様に、神と人もまた別のものではないのです。このような心になること、つまり不動智を自分自身のものにしきることを、神とも仏ともいうのです。

神道、歌道、儒道などと、道は数多くありますが、要は、この心を明らかにするものなのです。

石火《せっか》の機《き》と申《もう》すも、ひかりとする電光《でんこう》のはやきを申《もう》し候《そろ》。たとへば右衛門《うえもん》とよびかくると、あつと答《こた》ふるを、不動智《ふどうち》と申《もう》し候《そろ》。右衛門《うえもん》と呼《よ》びかけられて、何《なん》の用《よう》にてか有《あ》る可《べ》きなど丶思案《しあん》して、跡《あと》に何《なん》の用《よう》か抔《など》いふ心《こころ》は、住地煩悩《じゅうちぼんのう》にて候《そろ》。

止《とど》まりて物《もの》に動《うご》かされ、迷《まよ》はさる丶心《こころ》を所住煩悩《しょじゅうぼんのう》とて、凡夫《ぼんぷ》にて候《そろ》。又右衛門《またうえもん》と呼《よ》ばれて、をつと答《こた》ふるは、諸仏智《しょぶっち》なり。

仏《ほとけ》と衆生《しゅじょう》と二《ふた》つ無《な》く。神《かみ》と人《ひと》と二《ふた》つ無《な》く候《そろ》。此心《このこころ》の如《ごと》くなるを、神《かみ》とも仏《ほとけ》とも申《もう》し候《そろ》。

神道《しんとう》、歌道《かどう》、儒道《じゅどう》とて、道多《みちおお》く候《そうら》へども、皆《みな》この一心《いっしん》の明《あきらか》なる所《ところ》を申《もう》し候《そろ》。

心を見極めるには

心のことを単なる言葉で解釈する場合は、この心は誰にでもあるとか、善いのも悪いのも、明るいのも暗いのも、総て業《ごう》によるとか、家を離れるのも国を亡ぼすのも、それぞれの因果によるもので、善いも悪いも心の因果から起こることだなどというのです。

しかし、この心を一体どんなものだろうかと明確に見極める人がいないので、誰もが心に惑わされるのです。

この世の中には、心というものを知らない人も、それはいるでしょう。しかし、これをはっきりと見極めた人というのも、めったにいないように見えます。どうにか知ったにしても、これを自分自身、行なうことはさらに難しいのです。

だから、この心をよく説明できるからといって、本当に心を明確に見極めたとはいえますまい。

たとえば、水のことをどれほど説明したからといって、口は濡れたりしません。火のことを説明したからといって口が熱くはならないのです。水そのもの、火そのものに直接触れなくては、到底、わかるものではありません。食べ物のことを懇切丁寧に説いたからといって、空腹がなおることはありません。説明できると思うぐらいの人の解説では、わかりっこないのです。

仏道も儒道も、世間では心を説いていると考えていますが、説く人の行動が必ずしも、その説くところと一致しないのは、本当に心を明確に見極めていないからです。それぞれが自分のなかにある心の姿をはっきりと見極めつくさなければ、明確に知りぬくことはできないのです。

また、仏道を学んだ人が、少しも心というものを明らかに捉えていないのは、仏道を学ぶ人の数がいかに多くとも、それにかかわりないことだといえましょう。仏道を学んだ人々の心持は、かえってよくないものです。心を明らかに知るためには、ただただ、深く考え、工夫するほかありますまい。

言葉《ことば》にて心《こころ》を講釈《こうしゃく》したぶんにては、この一心《いっしん》、人《ひと》と我身《わがみ》にありて、昼夜善事悪《ちゅうやぜんじあく》事とも、業《ごう》により、家《いえ》を離《はな》れ国《くに》を亡《ほろぼ》し、其身《そのみ》の程々《ほどほど》にしたがひ、善《よ》し悪《わろ》しともに、心《こころ》の業《ごう》にて候《そうら》へども、此心《このこころ》を如何《いか》やうなるものぞと、悟《さと》り明《あきら》むる人《ひと》なく候《そうろう》て、皆心《みなこころ》に惑《まどわ》され候《そろ》。

世《よ》の中《なか》に、心《こころ》も知《し》らぬ人《ひと》は可レ有候《あるべくそろ》。能《よ》く明《あきら》め候人《そうろうひと》は、稀《まれ》にも有《あ》りがたく見《み》及《およ》び候《そろ》。たまたま明《あきら》め知《し》る事《こと》も、また行《おこな》ひ候事《そうろうこと》成《な》り難《がた》く、此一心《このいっしん》を能《よ》く説《と》くとて、心《こころ》を明《あきら》めたるにてはあるまじく候《そろ》。

水《みず》の事《こと》を講釈致《こうしゃくいた》し候《そうろう》とても、口《くち》はぬれ不レ申候《もうさずそろ》。火《ひ》を能《よ》く説《と》くとも、口《くち》は熱《あつ》からず。誠《まこと》の水《みず》、誠《まこと》の火《ひ》に触《ふ》れてならでは知《し》れぬもの也《なり》。書《しょ》を講釈《こうしゃく》したるまでにては、知《し》れ不レ申候《もうさずそろ》。食物《しょくもつ》をよく説《と》くとても、ひだるき事《こと》は直《なお》り不レ申候《もうさずそろ》。説《と》く人《ひと》の分《ぶん》にては知《し》れ申《もう》す間敷候《まじくそろ》。

世《よ》の中《なか》に、仏道《ぶつどう》も儒道《じゅどう》も心《こころ》を説《と》き候得共《そうらえども》、其説《そのと》く如《ごと》く、其人《そのひと》の身持《みもち》なく候《そうろう》心《こころ》は、明《あきらか》に知《し》らぬ物《もの》にて候《そろ》。人々《ひとびと》我身《わがみ》にある一心本来《いっしんほんらい》を篤《とく》と極《きわ》め悟《さと》り候《そうら》はねば不《あかる》レ明候《からずそろ》。

又参学《またさんがく》をしたる人《ひと》の心《こころ》が明《あきら》かならぬは、参学《さんがく》する人《ひと》も多《おお》く候《そうら》へども、それにもよらず候《そろ》。参学《さんがく》したる人《ひと》、心持皆々悪敷候《こころもちみなみなあしくそろ》。此一心《このいっしん》の明《あきら》めやうは、深《ふか》く工夫《くふう》の上《うえ》より出《い》で可レ申候《もうすべくそろ》。

心をどこにおくか

心《こころ》の置所《おきどころ》

心をどこに置いたらよいか。

敵の動きに心を置けば、敵の動きに心を捉えられてしまいます。敵の太刀に置けば、敵の太刀に捉われる。敵を切ろうということに心を置けば、切ろうとすることに心を奪われ、自分の刀に心を置けば、自分の太刀に心を取られ、切られまいということに置けば、その切られまいということに心を取られるのです。人の構えに心を置けば、また人の構えに心を捉えられてしまいます。何とも、心の置き場所は見つからぬものです。

ある人が、こんなことをいいました。

「自分の心をどこかに置くと、その心の在る所に心を止めてしまい、敵に負ける。そこで自分の心を臍《へそ》の下に押し込めて、よそにはやらぬがよい。そして敵の動きに対応して自在に動かすがよい。」

それも、もっともな言い分です。しかし、これも、仏法の悟りの境地から見ますと、臍の下に押し込んでよそにやらぬというのは低いもので、最高とはいえません。修行、稽古の際のものです。敬《けい》の字の心持です（敬の字については、後に本文に詳細な註釈がある）。

それはまた、孟子《もうし》が「放心《ほうしん》を求《もと》めよ」といったことにあたる程度のものです。非常に高い境地に到達した者からみれば低いのです。放心のことについては、別に書いて差し上げますので、ごらんください。

臍の下に押し込んで、よそにはやるまいとすれば、やるまいと思う心に心をとらわれて、自由に心を動かすことはできなくなるということです。

心《こころ》を何処《いずこ》に置《お》かうぞ。

敵《てき》の身《み》の働《はたらき》に心《こころ》を置《お》けば、敵《てき》の身《み》の働《はたらき》に心《こころ》を取《と》らるゝなり。敵《てき》の太刀《たち》に心《こころ》を置《お》けば、敵《てき》の太刀《たち》に心《こころ》を取《と》らるゝなり。敵《てき》を切《き》らんと思《おも》ふ所《ところ》に心《こころ》を置《お》けば、敵《てき》を切《き》らんと思《おも》ふ所《ところ》に心《こころ》を取《と》らるゝなり。我太刀《わがたち》に心《こころ》を置《お》けば、我太刀《わがたち》に心《こころ》を取《と》らるゝなり。われ切《き》られじと思《おも》ふ所《ところ》に心《こころ》を置《お》けば、切《き》られじと思《おも》ふ所《ところ》に心《こころ》を取《と》らるゝなり。人《ひと》の構《かまえ》に心《こころ》を置《お》けば、人《ひと》の構《かまえ》に心《こころ》を取《と》らるゝなり。兎角心《とかくこころ》の置所《おきどころ》はないと言《い》ふ。

或人《あるひと》問《と》ふ、我心《わがこころ》を兎角《とかく》余所《よそ》へやれば、心《こころ》の行《ゆ》く所《ところ》に志《こころざし》を取止《とりとど》めて、敵《てき》に負《ま》けるほどに、我心《わがこころ》を臍《へそ》の下《した》に押込《おしこ》めて余所《よそ》にやらずして、敵《てき》の働《はたらき》により転化《てんか》せよと云《い》ふ。

尤《もっと》も左《さ》もあるべき事《こと》なり。然《しか》れども仏法《ぶっぽう》の向上《こうじょう》の段《だん》より見《み》れば、臍《へそ》の下《した》に押込《おしこ》めて余所《よそ》へやらぬと云《い》ふは、段《だん》が卑《いや》しき、向上《こうじょう》にあらず。修行稽古《しゅぎょうけいこ》の時《とき》の位《くらい》なり。敬《けい》の字《じ》の位《くらい》なり。又《また》は孟子《もうし》の放心《ほうしん》を求《もと》めよと云《い》ひたる位《くらい》なり。上《のぼ》りたる向上《こうじょう》の段《だん》にてはなし。敬《けい》の字《じ》の心持《こころもち》なり。放心《ほうしん》の事《こと》は、別書《べっしょ》に記《しる》し進《しん》じ可レ有二御覧《ごらんあるべく》一候《そろ》。

臍《へそ》の下《した》に押込《おしこ》んで余所《よそ》へやるまじきとすれば、やるまじと思《おも》ふ心《こころ》に、心《こころ》を取《と》られて、先《さき》の用《よう》かけ、殊《こと》の外《ほか》不自由《ふじゆう》になるなり。

心はどこにもおかぬ

ある人はまた、こう聞きました。

「心を臍の下に押し込んでしまっては、動きが自由にならず、役に立たないというのであれば、心を身体のどこに置いたらよいものでしょう。」

私はこう答えたのです。

「もし右手に置けば、右手に心をとられて、動きがとれなくなります。眼に置けば眼に、右足に置けば右足に、心がとらわれます。身体中のどこか一カ所に心を置くとなれば、結局、よそは全部お留守になってしまうのです。」

「それでは、どこに置いたらよいのでしょう。」

「どこにも置かぬことです。そうすれば、心は身体いっぱいに行きわたり、のびひろがります。手を使う時には手の、足が肝要のときは足の、眼が大切な時は眼の役にたち、身体中どこでも必要に応じて、どこでも自由な働きをすることができるのです。もし、心の置き場を一つの場所に定めて、そこに置くなら、そこに心を取られて、役には立たないことになります。あれやこれやと、心の置き場を思案すれば、その思案に心を取られるのですから、思案や分別をきれいに捨てて、全身に心を投げ捨てて、特定の場所に止め置こうとしないことです。そうすれば、身体の各所の必要に対応して、確実に役に立つことになるはずです。」

或人《あるひと》問ふて云《い》ふは、心《こころ》を臍《へそ》の下《した》に押込《おしこ》んで働《はたら》かぬも、不自由《ふじゆう》にして用《よう》が欠《か》けば、我身《わがみ》の内《うち》にして何処《いずこ》にか心《こころ》を可レ置《おくべき》ぞや。

答《こた》へて曰《いわ》く、右《みぎ》の手《て》に置《お》けば、右《みぎ》の手《て》に取《と》られて身《み》の用欠《ようか》けるなり。心《こころ》を眼《め》に置《お》けば、眼《め》に取《と》られて、身《み》の用欠《ようか》け申《もう》し候《そろ》。右《みぎ》の足《あし》に心《こころ》を置《お》けば、右《みぎ》の足《あし》に心《こころ》を取《と》られて、身《み》の用欠《ようか》けるなり。何処《いずこ》なりとも、一所《ひとところ》に心《こころ》を置《お》けば、余《よ》の方《ほう》の用《よう》は皆欠《みなか》けるなり。

然《しか》らば即《すなわ》ち心《こころ》を何処《いずこ》に置《お》くべきぞ。

我答《われこた》へて曰《いわ》く、何処《いずこ》にも置《お》かねば、我身《わがみ》に一《いっ》ぱいに行《ゆ》きわたりて、全体《ぜんたい》に延《の》びひろごりてある程《ほど》に、手《て》の入《い》る時《とき》は、手《て》の用《よう》を叶《かな》へ。足《あし》の入《い》る時《とき》は、足《あし》の用《よう》を叶《かな》へ。目《め》の入《い》る時《とき》は、目《め》の用《よう》を叶《かな》へ。其入《そのい》る所々《ところどころ》に行《ゆ》きわたりてある程《ほど》に、其入《そのい》る所々《ところどころ》の用《よう》を叶《かな》ふるなり。

万一《まんいち》もし一所《ひとところ》に定《さだ》めて心《こころ》を置《お》くならば、一所《ひとところ》に取《と》られて用《よう》は欠《か》くべきなり。思案《しあん》すれば思案《しあん》に取《と》らるゝ程《ほど》に、思案《しあん》をも分別《ふんべつ》をも残《のこ》さず、心《こころ》をば総身《そうみ》に捨《す》て置《お》き、所々《ところどころ》止《とど》めずして、其所々《そのところどころ》に在《あり》て用《よう》をば外《はず》さず叶《かな》ふべし。

どこにもおかねばどこにもある

心を一カ所に置くことを、偏《へん》するといいます。偏とは、一方に片寄ったことです。正《しょう》とは、全体に行き渡っていることです。正心《しょうしん》とは、身体の全体に心を行き渡らせて、一方に片寄らぬことをいいます。心が一カ所に片寄って、他に心が行き届かないのが偏心《へんしん》です。

一般に、片寄るということを嫌います。何ごとによらず、固まって動かない状態を偏に落ちるといって嫌うのです。

心をどこに置こうかなどと、とりたてて考えたりしなければ、心は自然に身体全体にのびひろがって、総てに行き渡るのです。心を意識してどこかに置くのでなく、敵の動きに応じて、その時、その時に、その場の心を使えばよいのではないでしょうか。

身体中のどこにも行き渡っていれば、手の要る時は手にある心を、足を使う時には足にある心を使うことになるでしょう。一つの場所を定めて、そこに心を置いておくなら、そこから、いちいち心を引っぱり出して使おうとするので、そこで心が止まり、肝心の動きがお留守になるのです。紐でつないだ猫のように、心をどこにもやるまい、自分の身の内に引きとめておこうとすれば、自分の身体に心をとられてしまいます。身の内に捨てておけば、別に心はよそに出ていったりはしないものです。

肝心なのは、心を一つ所に止めないようにすることで、これは修行によることです。心をどこにも止めないこと、それが眼目であり、肝要なのです。

どこかに置こうとしなければ、どこにもあるということです。どこに置こうかと考える時、既に心の置き場に心がとらわれているということでしょう。

心を外に働かす時も、一方にだけ止めれば他の九方は欠けることになります。一方に止めなければ、十方に働くということです。

心《こころ》を一所《ひとところ》に置《お》けば、偏《へん》に落《おつ》ると云《い》ふなり。偏《へん》とは一方《いっぽう》に片付《かたづ》きたる事《こと》を云《い》ふなり。正《しょう》とは何処《いずこ》へも行《ゆ》き渡《わた》つたる事《こと》なり。正心《しょうしん》とは総身《そうみ》へ心《こころ》を伸《の》べて、一方《いっぽう》へ付《つ》かぬを言《い》ふなり。心《こころ》の一処《ひとところ》に片付《かたづ》きて、一方《いっぽう》欠《か》けるを偏心《へんしん》と申《もう》すなり。偏《へん》を嫌《きら》ひ申《もう》し候《そろ》。万事《ばんじ》にかたまりたるは、偏《へん》に落《おつ》るとて、道《みち》に嫌《きら》ひ申《もう》す事《こと》なり。

何処《いずこ》に置《お》かうとて、思《おも》ひなければ、心《こころ》は全体《ぜんたい》に伸《の》びひろごりて行《ゆ》き渡《わた》りて有《あ》るものなり。心《こころ》をば何処《いずこ》にも置《お》かずして。敵《てき》の働《はたらき》によりて、当座々々《とうざとうざ》、心《こころ》を其《その》所々《ところどころ》にて可二用心一歟《ようじんすべきか》。

総身《そうみ》に渡《わた》つてあれば、手《て》の入《い》る時《とき》には手《て》にある心《こころ》を遣《つか》ふべし。足《あし》の入《い》る時《とき》には足《あし》にある心《こころ》を遣《つか》ふべし。一所《ひとところ》に定《さだ》めて置《お》きたらば、其置《そのお》きたる所《ところ》より引出《ひきだ》し遣《や》らんとする程《ほど》に、其処《そこ》に止《とど》まりて用《よう》が抜《ぬ》け申《もう》し候《そろ》。心《こころ》を繋《つな》ぎ猫《ねこ》のやうにして、余処《よそ》にやるまいとて、我身《わがみ》に引止《ひきとど》めて置《お》けば、我身《わがみ》に心《こころ》を取《と》らるゝなり。身《み》の内《うち》に捨《す》て置《お》けば、余処《よそ》へは行《ゆ》かぬものなり。

唯一所《ただひとところ》に止《とど》めぬ工夫《くふう》、是《こ》れ皆修行《みなしゅぎょう》なり。心《こころ》をばいつこにもとめぬが、眼《がん》なり、肝要《かんよう》なり。いつこにも置《お》かねば、いつこにもあるぞ。心《こころ》を外《そと》へやりたる時《とき》も、心《こころ》を一方《いっぽう》に置《お》けば、九方《くほう》は欠《か》けるなり。心《こころ》を一方《いっぽう》に置《お》かざれば、十方《じっぽう》にあるぞ。

本心と妄心

本心妄心《ほんしんもうしん》

本心《ほんしん》、妄心《もうしん》ということがあります。

本心とは、一つの所に止まらずに、総てにのびひろがった心のことです。妄心とは、何かを思いつめて、一カ所に固まってしまった心をいいます。のびひろがった本心も、あることにかかずらわって固まると、たちまち妄心となってしまうのです。本心を失うと、いろいろな役には立ちませんから、本心を失わぬようにすることが大切です。

たとえば、本心は、水のように常に流動するもの。それに反して妄心は氷のようなものなのです。氷では、手や頭を洗うことはできません。氷をとかして水にし、どこへも流れるようにして、さまざまな用に供することが必要です。

心を一つの事に止めてしまうことは、水を氷らせてしまったようなもので、氷が自由に使えないと同じように、心も自在に働かせることができません。身体中に水を行き渡らせるように、心をのびひろがらせ、そのうえで自在に使いこなす、これを本心というのです。


本心妄心《ほんしんもうしん》と申《もう》す事《こと》の候《そろ》。

本心《ほんしん》と申《もう》すは一所《ひとところ》に留《とど》まらず、全身全体《ぜんしんぜんたい》に延《の》びひろごりたる心《こころ》にて候《そろ》。妄心《もうしん》は何《なん》ぞ思《おも》ひつめて一所《ひとところ》に固《かたま》り候《そうろう》心《こころ》にて、本心《ほんしん》が一所《ひとところ》に固《かたま》り集《あつま》りて、妄心《もうしん》と申《もう》すものに成《な》り申《もう》し候《そろ》。本心《ほんしん》は失《う》せ候《そうろう》と、所々《ところどころ》の用《よう》が欠《か》ける程《ほど》に、失《うしな》はぬ様《よう》にするが専一《せんいつ》なり。

たとへば本心《ほんしん》は水《みず》の如《ごと》く一所《ひとところ》に留《とど》まらず。妄心《もうしん》は氷《こおり》の如《ごと》くにて、氷《こおり》にては手《て》も頭《あたま》も洗《あら》はれ不レ申候《もうさずそろ》。氷《こおり》を解《と》かして水《みず》と為《な》し、何所《いずこ》へも流《なが》れるやうにして、手足《てあし》をも何《なに》をも洗《あら》ふべし。

心一所《こころひとところ》に固《かたま》り一事《ひとつこと》に留《とどま》り候《そうら》へば、氷固《こおりかたま》りて自由《じゆう》に使《つか》はれ申《もう》さず、氷《こおり》にて手足《てあし》の洗《あら》はれぬ如《ごと》くにて候《そろ》。心《こころ》を溶《と》かして総身《そうみ》へ水《みず》の延《の》びるやうに用《もち》ゐ、其所《そこ》に遣《や》りたきまゝに遣《や》りて使《つか》ひ候《そろ》。是《これ》を本心《ほんしん》と申《もう》し候《そろ》。

有心の心と無心の心

有心之心《うしんのこころ》、無心之心《むしんのこころ》

有心《うしん》の心《こころ》、無心《むしん》の心《こころ》ということがあります。

有心の心とは、妄心《もうしん》と同じことです。有心の文字は、あるこころと読みますが、何ごとによらず、一つのことを思いつめるのをいうのです。何か心に思うことがあり、さまざまに考えをめぐらすので、有心の心というのです。

無心の心とは、先に述べた本心のことです。どこかに凝り固まるということがなく、思い考えることのない時の心、身体中にのびひろがり、行き渡った心のことをいいます。

どこにも置かぬ心です。といって、石や木のように、生きていないのではありません。一カ所に止まることのない心が無心なのです。何かに止まるということは、心にその物があるということです。心に何もない、そういう状態を無心の心といったり、無心無念といったりするのです。

有心之心《うしんのこころ》、無心之心《むしんのこころ》と申《もう》す事《こと》の候《そろ》。

有心《うしん》の心《こころ》と申《もう》すは、妄心《もうしん》と同事《おなじこと》にて、有心《うしん》とはあるこゝろと読《よ》む文字《もじ》にて、何《なに》事《ごと》にても一方《いっぽう》へ思《おも》ひ詰《つめ》る所《ところ》なり。心《こころ》に思《おも》ふ事《こと》ありて分別思案《ふんべつしあん》が生《しょう》ずる程《ほど》に、有心《うしん》の心《こころ》と申《もう》し候《そろ》。

無心《むしん》の心《こころ》と申《もう》すは、右《みぎ》の本心《ほんしん》と同事《おなじこと》にて、固《かた》り定《さだ》まりたる事《こと》なく、分別《ふんべつ》も思案《しあん》も何《なに》も無《な》き時《とき》の心《こころ》、総身《そうみ》にのびひろごりて、全体《ぜんたい》に行《ゆ》き渡《わた》る心《こころ》を無心《むしん》と申《もう》す也《なり》。どつこにも置《お》かぬ心《こころ》なり。石《いし》か木《き》かのやうにてはなし。留《とどま》る所《ところ》なきを無心《むしん》と申《もう》す也《なり》。留《とどま》れば心《こころ》に物《もの》があり、留《とどま》る所《ところ》なければ心《こころ》に何《なに》もなし。心《こころ》に何《なに》もなきを無心《むしん》の心《こころ》と申《もう》し、又《また》は無心無念《むしんむねん》とも申《もう》し候《そろ》。

思うまいとも思わない修行

無心ということが、本当に自分のものになれば、心は一つのことや物に止まることなく、だから何ごとにも、どんな状況にも対応して用を足すことができ、まるでいつでも満々とたたえた水のようになるのです。

一つの所に止まってしまった心は、自由自在に働かせることができません。車の輪も、堅くないからこそ回転するのです。一カ所にしがみついていては、回転することができません。心も一つ所だけにかじりついていては、他のことに働くことができないのです。

心のなかに何か思うことがあると、人の話を聞いていながら、少しも理解できません。思っていることに心が行ってしまっているからです。

心が思うことの方に片寄れば、耳に聞こえてくるものでも聞こえません。目を見開いていても、何も見えないと同じことなのです。心に物がある証拠です。あるというのは、思うことがあるという意味なのです。この心のなかにある物をなくしてしまえば、無心となり、必要に応じて働きます。

ところが、この、心にある物をなくしてしまおうと思う心が、また心のなかにある物となります。ですから、そんなことは一切思わないことです。思わずにいれば、自然に心のなかにある物がなくなって、無心となることができます。

いつでもこうやって、心に物をなくせば、そのうちに、いつのまにか自分を無心にできる所までいくのです。せっかちに、無心になろうなろうとしても、そう簡単にできるものではありません。

「思《おも》はしと思《おも》ふも物《もの》を思《おも》ふなり、思《おも》はじとだに思《おも》はしやきみ」（思うまいと思うというのもまた物を思っているのだ。思うまいとさえ思いなさるなよ）という古歌のとおりであります。

此無心《このむしん》の心《こころ》に能《よ》くなりぬれば、一事《いちじ》に止《とど》まらず、一事《いちじ》に欠《か》かず、常《つね》に水《みず》の湛《たた》えたるやうにして、此身《このみ》に在《あ》りて、用《よう》の向《むか》ふ時出《ときいで》て叶《かな》ふなり。一所《ひとところ》に定《さだま》り留《とどま》りたる心《こころ》は、自由《じゆう》に働《はたら》かぬなり。車《くるま》の輪《わ》も堅《かた》からぬにより廻《まわ》るなり。一所《ひとところ》につまりたれば廻《まわ》るまじきなり。心《こころ》も一時《いちじ》に定《さだま》れば働《はたら》かぬものなり。心中《しんちゅう》に何《なん》ぞ思《おも》ふ事《こと》あれば、人《ひと》の云《い》ふ事《こと》をも聞《き》きながら聞《きこえ》ざるなり、思《おも》ふ事《こと》に心《こころ》が止《とどま》るゆゑなり。

心《こころ》が其思《そのおも》ふ事《こと》に在《あ》りて一方《いっぽう》へかたより、一方《いっぽう》へかたよれば、物《もの》を聞《き》けども聞《きこ》えず、見《み》れども見《み》えざるなり。是《こ》れ心《こころ》に物《もの》ある故《ゆえ》なり。あるとは、思《おも》ふ事《こと》があるなり。此有《このあ》る物《もの》を去《さ》りぬれば、心無心《こころむしん》にして、唯用《ただよう》の時《とき》ばかり働《はたら》きて、其用《そのよう》に当《あた》る。

此心《このこころ》にある物《もの》を去《さ》らんと思《おも》ふ心《こころ》が、又心中《またしんちゅう》に有《あ》る物《もの》になる。思《おも》はざれば、独《ひと》り去《さ》りて自《おのずか》ら無心《むしん》となるなり。

常《つね》に心《こころ》にかくすれば、何時《いつ》となく、後《のち》は独《ひと》り其位《そのくらい》へ行《ゆ》くなり。急《きゅう》にやらんとすれば、行《ゆ》かぬものなり。

古歌《こか》に「思《おも》はしと思《おも》ふも物《もの》を思《おも》ふなり、思《おも》はじとだに思《おも》はしやきみ。」

水に浮いた、ひょうたんのように

水上打㆓胡蘆子㆒、捺着即転《なつちやくすればすなわちてんず》

水《みず》の上《うえ》のひょうたんを打つ。手《て》で押《お》せば即《すなわ》ち転《てん》ず。

捺着《なつちやく》とは手で押すことをいいます。ひょうたんを水へ投げ、浮いているものを手で押すと、ひょうたんは、ひょっと脇に逃げ、また押せばまた逃げる。どうしても一つの所に止まっていないものです。

高い所に到達した人の心は、少しの間も止まることがありません。まるで水の上のひょうたんを押すように。

胡蘆子《ころし》を捺着《なつちゃく》するとは、手《て》を以《もっ》て押《お》すなり。瓢《ひさご》を水《みず》へ投《な》げて押《お》せば、ひよっと脇《わき》へ退《しりぞ》き。何《なん》としても一所《ひとところ》に止《とど》まらぬものなり。至《いた》りたる人《ひと》の心《こころ》は、卒度《そっと》も物《もの》に止《とど》まらぬ事《こと》なり。水《みず》の上《うえ》の瓢《ひさご》を押《お》すが如《ごと》くなり。

総ての物に心を止めないこと

応《おう》無《む》所《しょ》住《じゅう》而《じ》生《じょう》其《ご》心《しん》

応《おう》無《む》所《しょ》住《じゅう》而《じ》生《じょう》其《ご》心《しん》という文字は、オウムショジュウジジョウゴシンと読みます。どんなことをする時でも、これをしようと思うと、その、やろうとすることに心が止まります。ですから、それを止めずに、やろうという心を持つべきだということです。

やろうという心を持たなければ、何事もできません。やろうとして心を働かせれば、そこに心が止まる、それを止まらせずにやるのを、それぞれの道の名人というのです。

この止まる心から、執着というものが起こり、輪廻もここから始まるのです。すなわち、この止まる心が、生死のきずなとなるのです。

花や紅葉を見て、花や紅葉を見る心は持ちながらも、花や紅葉に心を止めないのが肝心なのです。

慈円《じえん》の歌に「柴《しば》の戸《と》に匂《にお》はん花《はな》もさもあらばあれ、ながめにけりな恨《うら》めしの世《よ》や」というのがあります。花は無心に匂っているのに、私は心を花に止めて眺めているのだなと、自分の花の匂いに止めた心が恨めしいという意味であります。

見るにつけ、聞くにつけ、そこに心を止めないことが最もすぐれているとしているのです。

応無所住而生其心《おうむしよじゆうじじようごしん》、此文字《このもじ》を読《よ》み候《そうら》へば、をうむしよじうじじやうごしん、と読《よ》み候《そろ》。

万《よろず》の業《わざ》をするに、せうと思《おも》ふ心《こころ》が生《しよう》ずれば、其《その》する事《こと》に心《こころ》が止《とどま》るなり。然《しか》る間《あいだ》止《とどま》る所《ところ》なくして心《こころ》を生《しよう》ずべしとなり。

心《こころ》の生《しよう》ずる所《ところ》に生《しよう》せざれば、手《て》も行《ゆ》かず。行《ゆ》けばそこに止《とどま》る心《こころ》を生《しよう》じて、其事《そのこと》をしながら止《とどま》る事《こと》なきを、諸道《しょどう》の名人《めいじん》と申《もう》すなり。

此止《このとどま》る心《こころ》から執着《しゅうじゃく》の心起《こころおこ》り、輪廻《りんね》も是《こ》れより起《おこ》り、此止《このとどま》る心《こころ》、生死《しょうじ》のきづなと成《な》り申《もう》し候《そろ》。

花紅葉《はなもみじ》を見《み》て、花紅葉《はなもみじ》を見《み》る心《こころ》は生《しょう》じながら、其所《そのところ》に止《とどま》らぬを詮《せん》と致《いた》し候《そろ》。慈円《じえん》の歌《うた》に「柴《しば》の戸《と》に匂《にお》はん花《はな》もさもあらばあれ、ながめにけりな恨《うら》めしの世《よ》や」。花《はな》は無心《むしん》に匂《にお》ひぬるを、我《われ》は心《こころ》を花《はな》にとゞめて、ながめけるよと、身《み》の是《こ》れにそみたる心《こころ》が恨《うら》めしと也《なり》。

見《み》るとも聞《き》くとも、一所《ひとところ》に心《こころ》を止《とど》めぬを、至極《しごく》とする事《こと》にて候《そろ》。

敬の字の心は修行の段階

敬《けい》の字を主一無適《しゅいつむてき》、すなわち「精神を集中して、心を移さぬこと」と解釈します。心を一つ所に定めて、よそにやらぬということです。

そうして後、刀を抜いて切るにしても、切るということに心を動かさぬということを教えているのです。特に、主君などから命を受ける時などには、この心得が肝心でありましょう。

仏法にも、敬の字の教えはあります。敬白《けいびゃく》の鐘《かね》といいまして、鐘を三つ鳴らし、手を合わせて、つつしみ拝むこの心は、主一無適《しゅいつむてき》、一心不乱《いっしんふらん》というのと同じなのです。

しかし、仏法においては、敬の字の心は最高のものとされておりません。自分の心を捉えられ、自分の心を乱されぬようにということは、修行の段階で心がけることなのです。

この修行を長い年月にわたって積み重ねたならば、たとえ、心をどこに放り出しておこうと、自由自在に働かせることができるようになるのです。

先に述べた応無所住《おうむしょじゅう》ということを自らのものにすることを、仏法では理想とし、最高のものとしているのであります。

敬《けい》の字《じ》をば、主一無適《しゅいつむてき》と註《ちゅう》を致《いた》し候《そうろう》て、心《こころ》を一所《ひとところ》に定《さだ》めて、余所《よそ》へ心《こころ》をやらず。後《のち》に抜《ぬ》いて切《き》るとも、切《き》る方《ほう》へ心《こころ》をやらぬが肝要《かんよう》の事《こと》にて候《そろ》。殊《こと》に主君《しゅくん》抔《など》に御意《ぎょい》を承《うけたまわ》る事《こと》、敬《けい》の字《じ》の心眼《しんがん》たるべし。

仏法《ぶっぽう》にも、敬《けい》の字《じ》の心有《こころあ》り、敬白《けいびゃく》の鐘《かね》とて、鐘《かね》を三《み》つ鳴《なら》して手《て》を合《あわ》せ敬白《けいびゃく》す。先《ま》づ仏《ほとけ》と唱《とな》へ上《あ》げる此敬白《このけいびゃく》の心《こころ》、主一無適《しゅいつむてき》、一心不乱《いっしんふらん》、同義《どうぎ》にて候《そろ》。

然《しか》れども仏法《ぶっぽう》にては、敬《けい》の字《じ》の心《こころ》は、至極《しごく》の所《ところ》にては無《な》く候《そろ》。我心《わがこころ》をとられ、乱《みだ》さぬやうにとて、習《なら》ひ入《い》る修行稽古《しゅぎょうけいこ》の法《ほう》にて候《そろ》。

此稽古《このけいこ》、年月《ねんげつ》つもりぬれば、心《こころ》を何方《いずかた》へ追放《おいはな》しやりても、自由《じゆう》なる位《くらい》に行《ゆ》く事《こと》にて候《そろ》。右《みぎ》の応無所住《おうむしよじゆう》の位《くらい》は、向上至極《こうじようしごく》の位《くらい》にて候《そろ》。

応無所住而生其心の意

敬の字の心は、心がよそに働こうとするのを抑制して、よそにはやるまい、よそに働けば乱れると考え、少しの油断もなく、心を引きしめておく状態です。

こうやっているのは、さしあたり、自分の心を散らさぬようにするための、一時的な方法です。何時もこんなことをしているのは、息がつまるほど不自由なことです。

たとえば雀の子が猫につかまえられたというので、二度とそんなことがないよう、猫に縄をつけ、少しも油断なく縄をしばりつけておくようなものです。

自分の心を縄をつけた猫のように不自由な状態にしておいては、思うままに振舞うこともできません。それより、猫が雀をとらぬよう、猫の方をよくしつけておけば、たとえ放ったらかしにして、猫が雀と一緒にいてもだいじょうぶなようにしておくことです。「応《おう》無《む》所《しょ》住《じゅう》而《じ》生《じょう》其《ご》心《しん》」とは、そういうことなのです。

自分の心を、縄をはずした猫のように自由気ままにさせ、それでも心が止まらないようにすることです。

敬《けい》の字《じ》の心《こころ》は、心《こころ》の余所《よそ》へ行《ゆ》くを引留《ひきと》めて遣《や》るまい、遣《や》れば乱《みだ》る、と思《おも》ひて、卒度《そっと》も油断《ゆだん》なく心《こころ》を引《ひ》きつめて置《お》く位《くらい》にて候《そろ》。是《これ》は当座《とうざ》、心《こころ》を散《ち》らさぬ一旦《いったん》の事《こと》なり。常《つね》に如レ是《かくのごとく》ありては不自由《ふじゆう》なる義《ぎ》なり。たとへば雀《すずめ》の子《こ》を捕《とら》へられ候《そうろう》て、猫《ねこ》の縄《なわ》を常《つね》に引《ひ》きつめておいて、放《はな》さぬ位《くらい》にて、我心《わがこころ》を、猫《ねこ》をつれたるやうにして、不自由《ふじゆう》にしては、用《よう》が心《こころ》のまゝに成《な》る間敷候《まじくそろ》。猫《ねこ》によく仕付《しつけ》をして置《お》いて、縄《なわ》を追放《おいはな》して行度《ゆきた》き方《かた》へ遣《や》り候《そうろう》て、雀《すずめ》と一《ひと》つ、居《い》ても捕《とら》へぬやうにするが、応無所住而生其心《おうむしょじゅうじじょうごしん》の文《ぶん》の心《こころ》にて候《そろ》。我心《わがこころ》を放捨《はなちす》て猫《ねこ》のやうに打捨《うちす》て、行度《ゆきた》き方《かた》へ行《ゆ》きても、心《こころ》の止《とど》まらぬやうに心《こころ》を用《もち》ひ候《そろ》。

心を捨てきること

これを兵法にたとえて申しましょう。

刀を打つ手に心を止めず、打つ手をすっかり忘れ去って打ち、人を切るのです。相手に心を働かせるなということです。人も空《くう》、自分も空、そして敵を打つ手も、打つ太刀も一切を空と思うのです。空だ空だと、空であることにも、心を捉われないようにすることです。

鎌倉の無学禅師《むがくぜんじ》は、大唐《だいとう》の乱《らん》で元《げん》の兵に捕えられ、まさに切られようという時「電光影裏斬二春風一《でんこうえいりにしゅんぷうをきる》」という偈《げ》を作ったところ、兵は刀を捨てて逃げたということです。

無学禅師《むがくぜんじ》の偈《げ》の心は、太刀をひらりと振り上げたのは、稲妻がピカッと光るほどの瞬間のこと。そこには、何の心もない。打つ刀にも、切る人にも心はなく、打たれる自分にも心はない。切る人も、その太刀も、打たれる自分も空である。打つ人も人でなく、打つ太刀も太刀ではない。打たれる自分も春の空を吹く風のように、何ものにも止まらぬ心である。その風を切ったとしても、太刀は何の手ごたえもなかろう、ということだったのです。

このように、総てを忘れ去って、ことを行なうのが名人上手といわれる人なのです。舞いを舞う時、扇を取る手をうまく動かそう、足をきれいに踏もうなど、よい舞いを舞おうという気持を忘れきらなければ、決して達人といえません。手や足にいちいち、心が止まるようでは、何をやってもうまくはいかないはずです。何ごとによらず、心を捨て切ることができずにする技は、皆、駄目なのです。

［註］無学禅師（無学祖元―仏光禅師・円満常照国師　一二二六〜一二八六）＝南宋時代の臨済宗の僧。一二七八（弘安元）年、北条時宗の招きで来日し、建長寺に住み、のち円覚寺第一世となった。時宗の師として、大きな影響力を持った。

大唐の乱＝一二七五年に南宋が元に攻められた時のこと。南宋はその後、一二七九年に完全に滅亡した。

貴殿《きでん》の兵法《へいほう》に当《あ》て申《もう》し候《そうら》はゞ、太刀《たち》を打《う》つ手《て》に心《こころ》を止《とど》めず。一切《いっさい》打《う》つ手《て》を忘《わす》れて打《う》つて人《ひと》を切《き》れ、人《ひと》に心《こころ》を置《お》くな。人《ひと》も空《くう》、我《われ》も空《くう》、打《う》つ手《て》も打《う》つ太刀《たち》も空《くう》と心得《こころえ》、空《くう》に心《こころ》を取《と》られまひぞ。

鎌倉《かまくら》の無学禅師《むがくぜんじ》、大唐《だいとう》の乱《らん》に捕《とら》へられて、切《き》らるゝ時《とき》に、電光影裏斬二春風一《でんこうえいりにしゅんぷうをきる》。といふ偈《げ》を作《つく》りたれば、太刀《たち》をば捨《す》てて走《はし》りたると也《なり》。

無学《むがく》の心《こころ》は、太刀《たち》をひらりと振上《ふりあ》げたるは、稲妻《いなずま》の如《ごと》く電光《でんこう》のぴかりとする間《あいだ》、何《なん》の心《こころ》も何《なん》の念《ねん》もないぞ。打《う》つ刀《かたな》も心《こころ》はなし。切《き》る人《ひと》も心《こころ》はなし。切《き》らるる我《われ》も心《こころ》はなし。切《き》る人《ひと》も空《くう》、太刀《たち》も空《くう》、打《う》たるゝ我《われ》も空《くう》なれば、打《う》つ人《ひと》も人《ひと》にあらず。打《う》つ太刀《たち》も太刀《たち》にあらず。打《う》たるゝ我《われ》も稲妻《いなずま》のひかりとする内《うち》に、春《はる》の空《そら》を吹《ふ》く風《かぜ》を切《き》る如《ごと》くなり。一切止《いっさいとどま》らぬ心《こころ》なり。風《かぜ》を切《き》つたのは、太刀《たち》に覚《おぼ》えもあるまいぞ。

かやうに心《こころ》を忘《わす》れ切《き》つて、万《よろず》の事《こと》をするが、上手《じょうず》の位《くらい》なり。舞《まい》を舞《ま》へば、手《て》に扇《おうぎ》を取《と》り、足《あし》を踏《ふ》む。其手足《そのてあし》をよくせむ、舞《まい》を能《よ》く舞《ま》はむと思《おも》ひて、忘《わす》れきらねば、上手《じょうず》とは申《もう》されず候《そろ》。未《いま》だ手足《てあし》に心止《こころとど》まらば、業《わざ》は皆面白《みなおもしろ》かるまじ。悉皆心《しつかいこころ》を捨《す》てきらずして、する所作《しょさ》は皆悪敷候《みなあしきそろ》。

放心を求めよ

求放心《ほうしんをもとめよ》

放心《ほうしん》を求《もと》めよとは、孟子《もうし》の言葉であります。放たれた心を探し求めて、自分の身に取り戻せということです。

たとえば、犬や猫、鶏などが逃げ出してどこかに行ってしまった時、探し歩いて自分の家に連れ戻すように、自分の身についたものであるはずの心が、自分から抜け出してしまったら、どうして取り戻さないかということです。これは無論、当然のことなのです。

しかし、邵康節《しょうこうせつ》という人は、心を放つを要とすといっております。まるっきり違う言い分であります。

彼が、この言葉で示そうとしたのはこんなことです。心を自分のなかに縛りつけておいたのでは、まるで飼われた猫のようで、自分本来の自由な心の働きというものは生まれない。だから物に心が止まらぬよう、心が何事かに溺れぬよう、うまく使いこなせるようにした上で、どこへなりとも放り出しておけというのです。

物に心が染まり、そして止まるのだから、染まらせるな、止まらせるな、自分の身に取り戻せというのは、初心者の段階、修行の際の心得といったものです。蓮は泥沼のなかに根を張っていますが、その花は決して泥に染まらない。また、よく磨いた水晶は泥のなかに入れても泥に染まらない。心をも、そのようにして、行きたい所に行かせよというのです。

心を常に引きしめておくのは、不自由なことであります。しかし、そうやって引きしめておかねばならぬのは、未だ修行を始めたばかりの時のことです。何時までもそのように心がけるのが精一杯では、到底、高く深いものを自分の身につけることはできず、一生を初心者、入門者の段階で終わらせることになります。

［註］邵康節（一〇一一～一〇七七）＝宋の哲学者。終生、官に就かずに読書自適の生活を送った。虚心、無我、反観を説いた人。朱熹（朱子）は、その学を宋学の正統とは認めなかったが、彼の数理哲学には大きな影響を受けているという。

求放心《ほうしんをもとめよ》と申《もう》すは、孟子《もうし》が申《もう》したるにて候《そろ》。放《はな》れたる心《こころ》を尋《たず》ね求《もと》めて、我身《わがみ》へ返《かえ》せと申《もう》す心《こころ》にて候《そろ》。

たとへば、犬猫鶏《いぬねこどり》など放《はな》れて余所《よそ》へ行《ゆ》けば、尋《たず》ね求《もと》めて我家《わがや》に返《かえ》す如《ごと》く、心《こころ》は身《み》の主《ぬし》なるを、悪敷道《あしきみち》へ行《ゆ》く心《こころ》が逃《に》げるを、何《なに》とて求《もと》めて返《かえ》さぬぞと也《なり》。尤《もっと》も斯《か》くなるべき義《ぎ》なり。

然《しか》るに又邵康節《またしょうこうせつ》と云《い》ふものは、心要放《こころをはなつをようとす》と申《もう》し候《そろ》。はらりと替《かわ》り申《もう》し候《そろ》。

斯《か》く申《もう》したる心持《こころもち》は、心《こころ》を執《と》へつめて置《お》いては労《つか》れ、猫《ねこ》のやうにて、身《み》が働《はたら》かれねば、物《もの》に心《こころ》が止《とどま》らず、染《そま》ぬやうに能《よ》く使《つか》ひなして、捨置《すてお》いて何処《いずこ》へなりとも追放《おいはな》せと云《い》ふ義《ぎ》なり。

物《もの》に心《こころ》が染《そ》み止《とどま》るによつて、染《そま》らすな止《とどま》らすな、我身《わがみ》へ求《もと》め返《かえ》せと云《い》ふは、初心《しょしん》稽古《けいこ》の位《くらい》なり。蓮《はす》の泥《どろ》に染《そま》ぬが如《ごと》くなれ。泥《どろ》にありても苦《くる》しからず。よく磨《みが》きたる水晶《すいしょう》の玉《たま》は、泥《どろ》の内《うち》に入《い》つても染《そま》ぬやうに心《こころ》をなして、行《ゆ》き度《た》き所《ところ》にやれ。

心《こころ》を引《ひ》きつめては不自由《ふじゆう》なるぞ。心《こころ》を引《ひ》きしめて置《お》くも、初心《しょしん》の時《とき》の事《こと》よ。一《いち》期其分《ごそのぶん》では、上段《じょうだん》は終《つい》に取《と》られずして、下段《げだん》にて果《はて》るなり。

放心を要とせよ

修行をしている頃は、孟子《もうし》のいう放心を求めるという心がけが大切です。しかし、最も進んだ所に到達するには、邵康節《しょうこうせつ》の「心《こころ》を放《はな》つを要《よう》とす」でなければなりません。

中峯和尚《ちゅうほうおしょう》の言葉に「放心《ほうしん》を具《そな》う」というのがあります。これは邵康節《しょうこうせつ》が、「心《こころ》を放《はな》すことをかなめとせよ」といったのと同じことで、心を放せ、一つ所に引きとめておくなという意味であります。

また、「退転《たいてん》せざるをそなえよ」というのも中峯和尚《ちゅうほうおしょう》の言葉です。退転せず、変わらない心を持てということです。人間、一度や二度のことには、なんとか思うようにゆくものですが、疲れや、非常の場面にぶつかっても退転することのないように、身についた心のありかたを持たなければならないということであります。

［註］中峯和尚（中峰明本《ちゅうほうみょうほん》、智学禅師　一二六三～一三二三）＝元代の臨済宗の僧。古先印之は元に渡って、その門下となった。墨跡で有名である。

稽古《けいこ》の時《とき》は、孟子《もうし》が謂《い》ふ求其放心《そのほうしんをもとめよ》と申《もう》す心持能《こころもちよ》く候《そろ》。至極《しごく》の時《とき》は、邵康節《しょうこうせつ》が心要放《こころをはなつをようとす》と申《もう》すにて候《そろ》。

中峯和尚《ちゅうほうおしょう》の語《ご》に、具放心《ほうしんをそなえよ》とあり。此意《このい》は即《すなわ》ち、邵康節《しょうこうせつ》が心《こころ》をば放《はな》さんことを要《ようと》せよと云《い》ひたると一《い》つにて、放心《ほうしん》を求《もと》めよ、引《ひ》きとどめて一所《ひとところ》に置《お》くなと申《もう》す義《ぎ》にて候《そろ》。

又具不退転《またたいてんせざるをそなえよ》と云《い》ふ。是《これ》も中峯和尚《ちゅうほうおしょう》の言葉《ことば》なり。退転《たいてん》せずに替《か》はらぬ心《こころ》を持《も》てと云《い》ふ義《ぎ》なり。人《ひと》たゞ一度二度《いちどにど》は能《よ》く行《ゆ》けども、又《また》つかれて常《つね》に無《な》い裡《うち》に退転《たいてん》せぬやうなる心《こころ》を持《も》てと申《もう》す事《こと》にて候《そろ》。

急流にもまれる手毬のように

急水上打毬子《きゅうすいじょうにきゅうしをうつ》、念々不停留《ねんねんていりゅうせず》

急流に投げた毬は、決してじっとしていないという言葉があります。たぎりたつ急流に、手毬《てまり》を投げれば、毬は波に乗って、踊り上がり、巻きこまれ、僅かの間とて停滞することがありません。このさまを述べて、瞬時も止まることがないという意味を示したものです。

急水上打毬子《きゅうすいじょうにきゅうしをうつ》、念々不停留《ねんねんていりゅうせず》と申《もう》す事《こと》の候《そろ》。急《きゅう》にたきつて流《なが》る、水《みず》の上《うえ》へ、手毬《てまり》を投《とう》せば、浪《なみ》にのつて、ぱつぱと止《とど》まらぬ事《こと》を申《もう》す義《ぎ》なり。

前後の際を断ぜよ

前後際断《ぜんごさいだん》

前後《ぜんご》の際《きわ》を断《た》つという言葉があります。

前の心を捨てないことも、今の心をあとに残《のこ》すことも、よくありません。それで、前と今との間を切ってしまえという意味です。

以前のことに心を引かれることは、心を止めることです。そこで前の心が後に尾を引かぬよう切り離して、心を止めぬ心がけをいったものです。

前後際断《ぜんごさいだん》と申《もう》す事《こと》の候《そろ》。

前《まえ》の心《こころ》をすてず、又今《またいま》の心《こころ》を跡《あと》へ残《のこ》すが悪敷候《あしくそうろう》なり。前《まえ》と今《いま》との間《あいだ》をば、きってのけよと云《い》ふ心《こころ》なり。是《これ》を前後《ぜんご》の際《さい》を切《き》つて放《はな》せと云《い》ふ義《ぎ》なり。心《こころ》をとゞめぬ義《ぎ》なり。

短い命を大切に

水焦上《みずてんをこがし》、火洒雲《ひくもをあらう》

「武蔵野《むさしの》はけふはなやきそ若草《わかくさ》の、妻《つま》もこもれり我《われ》もこもれり」（伊勢物語第十一段にある歌。昔、男がいて、人の娘をさらって武蔵野に連れて行くところを、女をさらったのだから、盗人だというので国守につかまりそうになった。そこで女を草むらに隠して逃げたが、それを見かけた者が、この野に盗人がいるといって、火をつけようとしたので、女は驚き、この歌を詠んで哀願した。それで女は一緒につかまったという話）。

「武蔵野を、今日はどうぞ焼かないでください。草むらに私たち夫婦がかくれているのです。」という歌の心を、誰かがこんな句にしました。

「白雲のむすはは消えん朝顔の花」（朝顔の花は短く、すがすがしいいのちです。太陽が昇って、白い夏雲がむくむくとわき立つころには、もうしおれてしまうのです）。はかなく短い生命を、大切に生きたいものです。

水焦上《みずてんをこがし》、火洒雲《ひくもをあらう》

「武蔵野《むさしの》はけふはなやきぞ若草《わかくさ》の、妻《つま》もこもれり我《われ》もこもれり」。此歌《このうた》の心《こころ》を、誰《だれ》か「白雲《しらくも》のむすはば消《き》えん朝顔《あさがお》の花《はな》」。

領内を平和に治めること

内々思っておりましたことを御諫《おいさ》め申《もう》したく、私ごとき者の考えではどんなかとは存じますが、よい折と思い、書き記し差し上げます。

あなたは兵法において古来二人とない達人ですから、今は、官位、俸禄等、世間の評判も大変なものです。この厚遇に対するご恩を寝ても覚めても決して忘れてはなりません。そして、朝夕この恩に報いるため、忠を尽すことだけをお考えください。

忠を尽すということは、先ず自分の心を正しくし、行動を慎み、君に背くようなことは決して思ってはなりません。また人を恨み咎めてはなりません。毎日の仕事を真面目につとめ、家庭内では父母に孝行を尽し、夫婦の間柄も清浄に、礼儀正しくし、他の女を愛したり、色道に走ったりせぬことです。さらに、親としては威厳を以て道に従うことです。

また、下の者を使う際には、私情をさしはさんで別けへだてをしたりせず、善人を使いこれを重く用いて、自分の足りない所を反省し、領地の政治を正し、善からぬ者を遠ざけるようにすることです。そうすれば、善き人々は日ごとに前進し、善からぬ者も主人が善を好むことによって感化され、次第に悪を捨てて善にかわっていくものです。

このように、君臣、上下が善人であって、欲も少なく、奢りもないとなれば、領内は富み、民も豊かになって、うまく治まります。子が親に心から親しみなつき、下の者が、まるで手足のように上のために働くようになれば、領内は自然と平和になるでしょう。これこそ忠の初めであります。

内々存寄候事《ないないぞんじよりそうろうこと》、御諫可二申入一候由《おんいさめもうしいれるべくそうろうよし》、愚案如何《ぐあんいかが》に存候得共《ぞんじそうらえども》、折節幸《おりふしさいわい》と存《ぞん》じ及レ見候処《みおよびそうろうところ》、あらまし書付《かきつけ》進《しん》し申候《もうしそろ》。

貴殿事《きでんこと》、兵法《へいほう》に於《おい》て、今古無双《こんこむそう》の達人故《たつじんゆえ》、当時官位俸禄《とうじかんいほうろく》、世《よ》の聞《きこ》えも美々敷《びびしく》候《そろ》。此大厚恩《このだいこうおん》を寝《ね》ても覚《さめ》ても忘《わす》るゝことなく、旦夕恩《たんせきおん》を報《ほう》じ、忠《ちゅう》を尽《つく》さんことをのみ思《おも》ひたまふべし。

忠《ちゅう》を尽《つく》すといふは、先《ま》づ我心《わがこころ》を正《ただし》くし、身《み》を治《おさ》め、毛頭君《もうとうきみ》に二心《にしん》なく、人《ひと》を恨《うら》み、咎《とが》めず。日々出仕怠《ひびしゅつしおこた》らず。一家《いっか》に於《おい》ては父母《ふぼ》に能《よ》く孝《こう》を尽《つく》し、夫婦《ふうふ》の間少《あいだすこ》しも猥《みだら》になく。礼義正《れいぎただ》しく妾婦《しょうふ》を愛《あい》せず。色《いろ》の道《みち》を断《た》ち。父母《ふぼ》の間《あいだ》おごそかに道《みち》を以《もっ》てし。下《しも》を使《つか》ふに、私《わたくし》のへだてなく。善人《ぜんにん》を用《もち》ゐ近付《ちかづ》け。我足《わがた》らざる所《ところ》を諫《いさ》め。御国《おくに》の政《まつりごと》を正敷《ただしく》し。不善人《ふぜんにん》を遠《とお》ざくる様《よう》にするときは、善人《ぜんにん》は日々《ひび》に進《すす》み、不善人《ふぜんにん》もおのづから主人《しゅじん》の善《ぜん》を好《この》む所《ところ》に化《か》せられ、悪《あく》を去《さ》り善《ぜん》に遷《かえ》るなり。如レ此君臣上下善人《このごとくくんしんじょうげぜんにん》にして、欲薄《よくうす》く、奢《おごり》を止《や》むる時《とき》は、国《くに》に宝満《たからみ》ちて、民《たみ》も豊《ゆたか》に治《おさま》り、子《こ》の親《おや》をしたしみ、手足《てあし》の上《うえ》を救《すく》ふが如《ごと》くならば、国《くに》は自《おのずか》ら平《たいらか》に成《な》るべし。是《こ》れ忠《ちゅう》の初《はじめ》なり。

心の正しくない者は本当の役に立たない

こうした、全く忠実な兵を、あらゆる場合に役立てようとするなら、たとえ一千万人の兵を使うとしても、あなたの心のままとなるに違いありません。それは、先にいいました千手観音の例と同じです。

千手観音の心が正しく働くなら、千本の手を全部使いこなせるように、そして、あなたの兵術の心が正しく向かうなら、あなたの剣が自由自在、思う通りに働いて、数千人の敵も一刀の下に切り従えることができるのと同じです。これこそ、大いなる忠ではありませんか。

その心が正しいかどうかは、外部の人間は何もわからぬものです。何かをしようと思いたつ時、その動機には善と悪の二つが考えられます。そこで、どれが善によるのか、悪によるのかを考えて、善をとり、悪を捨てるなら、心は自ずから素直にのびのびと善に親しむのです。

悪と知りながら、悪をやめられないのは、自分がそれを好んでいることをよく知っているからです。色を好み、また奢り、気ままに過ごすなどを好む気持があるからこそ、善人がいても、自分の気に染まなければ、善人の勧める善事も、取りあげようとはしないのです。そして、無智な男でも、一度自分の好みに合ったとなると登用し、また可愛がるというふうです。これでは、もし周囲に善人がいたとしても用いないのだから、いないと同じことになります。

そういう有様では、幾千人の兵を持っていようとも、一大事の時、主人の用にたつ者は一人もいるはずがありません。一旦気に入られた無智で若い悪人は、もともと心の正しくない者ですから、何かの時に命を投げ出して努めようなどとは思わないでしょう。心の正しくない者が、主人の役に立ったという話は、昔から聞いたことがありません。

この金鉄《きんてつ》の二心《にしん》なき兵《へい》を、以下様々《いかさまざま》の御時御用《おんときごよう》に立《た》てたらば、千万人《せんまんにん》を遣《つか》ふとも心《こころ》のまゝ、なるべし。

即《すなわ》ち先《さき》に云《い》ふ所《ところ》の、千手観音《せんじゆかんのん》の一心正《いっしんただ》しければ、千《せん》の手皆用《てみなよう》に立《た》つが如《ごと》く、貴《き》殿《でん》の兵術《へいじゆつ》の心正《こころただ》しければ、一心《いっしん》の働自在《はたらきじざい》にして、数千人《すうせんにん》の敵《てき》をも一剣《いっけん》に随《したが》へるが如《ごと》し。是《こ》れ大忠《だいちゆう》にあらずや。

其心正《そのこころただ》しき時《とき》は、外《そと》より人《ひと》の知《し》る事《こと》もあらず。一念発《いちねんほっす》る所《ところ》に善《ぜん》と悪《あく》との二《ふた》つあり、其善悪二《そのぜんあくふた》つの本《もと》を考《かんが》へて、善《ぜん》をなし悪《あく》をせざれば、心自《こころおのずか》ら正直《しようじき》なり。

悪《あく》と知《し》り止《や》めざるは、我好《わがこの》む所《ところ》の痛《いたみ》あるゆゑなり。或《あるい》は色《いろ》を好《この》むか、奢気随《おごりきずい》にするか、いかさま心《ごころ》に好《この》む所《ところ》の働《はたらき》ある故《ゆえ》に、善人《ぜんにん》ありとも我気《わがき》に合《あ》はざれば、善《ぜん》事《じ》を用《もち》ひず。無智《むち》なれども、一旦我気《いったんわがき》に合《あ》へば登《のぼ》し用《もち》ひ、好《この》むゆゑに、善人《ぜんにん》はありても用《もち》ゐざれば、無《な》きが如《ごと》し。

然《しか》れば幾千人《いくせんにん》ありとても、自然《しぜん》の時《とき》、主人《しゆじん》の用《よう》に立《た》つ物《もの》は一人《ひとり》も不レ可レ有《これあるべからず》レ之。彼《か》の一旦《いったん》気《き》に入《い》りたる無智若輩《むちじゃくはい》の悪人《あくにん》は、元《もと》より心正《こころただ》しからざる者故《ものゆえ》、事《こと》に臨《のぞ》んで一命《いちめい》を捨《す》てんと思《おも》ふ事《こと》、努々《どど》不レ可レ有《あるべからず》。心正《こころただ》しからざるものゝ、主《あるじ》の用《よう》に立《た》ちたる事《こと》は、往昔《おうじゃく》より不二承及一《うけたまわりおよばざる》ところなり。

善人は国の宝

あなたが弟子を取り立てられる時にも、このようなことがあるそうで、誠に苦々しく存じます。

これは、単なる変わった好みから、自分の弱点にひきずられて、悪に陥ることを知らないのです。人は知らないだろうと思っても、ほんのちょっとの事でも、すっかりわかってしまうものです。第一、自分自身が知っており、それは天地のあらゆる神も、総ての人も知っていることなのです。

こんなことで、領土を保っていこうとは、全く危いことではありませんか。こういう状態は大不忠なのだと考えてください。

たとえば、自分一人で、どれほど熱情的に主人に忠を尽すつもりでいても、一家のなかがごたごたしていたり、柳生谷《やぎゅうだに》の村人たちが背くということにでもなれば、なにもかもめちゃくちゃとなりましょう。

何ごとによらず、人の善悪は、彼の愛し重用する臣、また親しく交わっている友達によってわかるといわれます。主人が善であれば、近臣は皆善人です。主人がまともでなければ、臣や友達も皆、曲がっているというわけです。

そうであれば、村人たちは、これを馬鹿にし、隣国も侮ることとなります。主人、臣下が善であれば、庶民もこれになつくというのはこれらのことをいうのです。国にとって善人は宝だといいます。よくよく心の底からこのことの意味をお考えください。

貴殿《きでん》の弟子《でし》を御取立《おとりた》て被レ成《なられる》にも箇様《かよう》の事有レ之由《ことこれあるよし》、苦々敷存《にがにがしくぞん》じ候《そろ》。是《こ》れ皆一片《みないっぺん》の数寄好《すきこの》む所《ところ》より、其病《そのやまい》にひかれ、悪《あく》に落入《おちい》るを知《し》らざるなり。人《ひと》は知《し》らぬと思《おも》へども、微《かすか》より明《あきら》かなるなしとて、我心《わがこころ》に知《し》れば、天地鬼神万民《てんちきしんばんみん》も知《し》るなり。如レ是《かくのごとく》して国《くに》を保《たも》つ、誠《まこと》に危《あやう》き事《こと》にあらずや。然《しか》らば大不忠《だいふちゅう》なりとこそ存《ぞん》じ候《そうら》へ。

たとへば我一人《われひとり》、いかに矢猛《やたけ》に主人《しゅじん》に忠《ちゅう》を尽《つく》さんと思《おも》ふとも、一家《いっか》の人和《ひとわ》せず、柳生谷一郷《やぎゅうだにいちごう》の民背《たみそむ》きなば、何事《なにごと》も皆相違仕《みなそういつかまつ》るべし。総《すべ》て人《ひと》の善《よ》し悪《あ》しきを知《し》らんと思《おも》はゞ、其愛《そのあい》し用《もち》ゐらるゝ臣下《しんか》、又《また》は親《したし》み交《まじわ》る友達《ともだち》を以《もっ》て知《し》ると云《い》へり。主人善《しゅじんぜん》なれば其近臣皆善人《そのきんしんみなぜんにん》なり。主人正《しゅじんただ》しからざればば、臣下友達皆正《しんかともだちみなただ》しからず。然《しか》らば諸人《しょにん》みななみし、隣国是《りんごくこれ》を侮《あなど》るなり。善《ぜん》なるときは、諸人親《しょにんしたし》むとは此等《これら》の事《こと》なり。国《くに》は善人《ぜんにん》を以《もっ》て宝《たから》とすと云《い》へり。よく〳〵御体認《ごたいにん》なさるべし。

親がまず身を正せ

大勢の前で私情の正しくないところを改め、悪人を遠ざけ、賢人を好むようになさればば、国の政治は正され、なによりも忠を尽すことになります。

それはそれとして、御子息（十兵衛三厳《じゅうべえみつよし》）の素行の定まらぬことについて申しましょう。親の心がけ、行動が正しくないのに、子供の悪を責めるのは誤りです。あなたがまず、身を正しく持し、その上で意見をなさるなら、自然、素行も改まり、弟の内膳《ないぜん》殿（宗冬《むねふゆ》）も兄の行動を見習って正しくなるに違いありません。こうなれば父子共々に善人となり、誠にめでたいことでありましょう。

人を取りたてるのも、捨てるのも、義を本にするとされています。現在、あなたは寵臣ですから、各大名からの賄賂《わいろ》も多く、欲に目がくらんで義を忘れておられるようですが、とんでもないことです。また、あなたは乱舞を好み、自分の能に思い上がって、諸大名の所へ押しかけて行って能を見せるということは、これはもう病気としかいいようがありません。さらにお上の唱を猿楽だといったというではありませんか。また、お世辞のよい大名を、将軍御前において大いに引き立てられるとのこと、重ね重ね、よくお考えにならなければいけません。歌にも「心《こころ》こそ心迷《こころまよ》はす心《こころ》なれ、心《こころ》に心《こころ》心《こころ》ゆるすな」（心こそが心を迷わすものである。心のことに気を許してはならぬ）とあります。

人《ひと》の知《し》る所《ところ》に於《おい》て、私《わたくし》の不義《ふぎ》を去《さ》り、小人《しょうじん》を遠《とおざ》け、賢《けん》を好《この》む事《こと》を、急《きゅう》に成《な》され候《そうら》はば、いよ〱国《くに》の政《まつりごと》正《ただ》しく、御忠臣第一《ごちゅうしんだいいち》たるべく候《そろ》。就中御賢息御行跡《なかんずくごけんそくごぎょうせき》の事《こと》、親《おや》の身《み》正《ただ》しからずして、子《こ》の悪《あ》しきを責《せ》むること逆《ぎゃく》なり。先《ま》づ貴殿《きでん》の身《み》を正《ただ》しく成《な》され、其上《そのうえ》にて御異見《ごいけん》も成《な》され候《そうら》はば、自《おのずか》ら正《ただ》しくなり、御舎弟内膳殿《ごしゃていないぜんどの》も、兄《あに》の行跡《ぎょうせき》にならひ、正《ただ》しかるべければ、父子《おやこ》ともに善人《ぜんにん》となり。目出度《めでた》かるべし。

取《と》ると捨《す》つるとは、義《ぎ》を以《もつ》てすると云《い》へり。唯今寵臣《ただいまちょうしん》たるにより、諸大名《しょだいみょう》より賄《まいない》を厚《あつ》くし、欲《よく》に義《ぎ》を忘《わす》れ候事《そうろうこと》、努々《どど》不レ可レ有《あるべからず》候《そろ》。

貴殿乱舞《きでんらんぶ》を好《この》み、自身《じしん》の能《のう》に奢《おごり》、諸大名衆《しょだいみょうしゅう》へ押《おし》て参《まい》られ、能《のう》を勧《すす》められ候《そうろう》事《こと》、偏《ひとえ》に病《やまい》と存《ぞん》じ候《そうろう》なり。

上《かみ》の唱《しょう》は猿楽《さるがく》の様《よう》に申《もう》し候由《そうろうよし》。また挨拶《あいさつ》のよき大名《だいみょう》をば、御前《ごぜん》に於《おい》てもつよく御取成《おとりな》しなさるゝ由《よし》、重《かさ》ねて能《よ》く〳〵御思案可レ然歟《ごしあんしかるべきか》。

歌《うた》に「心《こころ》こそ心迷《こころまよ》はす心《こころ》なれ、心《こころ》に心《こころ》心《こころ》ゆるすな」。

玲瓏集

生命よりも大切な義ということ

一、人の生命ほど惜しんでも惜しみきれぬものはないでしょう。身分の高い者も、賤しい者も、長生きしなければ志を遂げることはできません。億万の財産を投げ捨てても、生き長らえなければなりません。ところが、その生命でさえも義《ぎ》のためには捨てなくてはならぬというのですから、義というものの重みは最大としなければなりません。

何よりも惜しい生命を捨てても、義を立てなければならぬという時、義ほど尊いものはないということになります。

よくよく世の中を見ていますと、あまりにもあっさり生命を捨てる人が多いのですが、そのなかで義のために死ぬ人が、千人に一人もいるでしょうか。かえって、身分の低い、教育もないような人のなかに、義のために死ぬ人が多いらしい。知識も広く、教育も受けているような人の方が、義のために死ぬのは難しいのだろうなと、ボソボソ独《ひと》り言《ごと》をいって暇つぶしをしている時、ある人が来て、こんなことをいいました。

「財産はなんといっても大切なもので、失いたくはありません。とはいうものの、生命あってこその財産であり、宝であるのですから、まさかの時には財産を投げうっても生命を全《まっと》うするのは当然です。これほどに大切な生命も、義のためには、やすやすと捨てるのが人間だとすると、人は生命よりも義を重んずることになります。

欲と生命と義の、三つの大切なもののなかで、人はやはり、義を一番重く見ていることになりますかね。」

一、命《いのち》ほと尤可《もつともおしむべきもの》レ惜物はなし。高《たかき》も賤《いやしき》も、各命長《おのおのいのちなが》からざれは、本意《ほんい》を遂《とぐ》ることなし。千々《ちぢ》の財宝《ざいほう》をすて丶も、命《いのち》はかふべき物《もの》なり。然《しか》るに命《いのち》は依《ぎによつて》レ義軽《かろ》しといへば、又尤《またもつとも》重《おも》ふせん物《もの》は義也《ぎなり》。

尤《もつと》も惜《おし》むべき物《もの》も命也《いのちなり》。然《しか》るに此可レ借命《このおしむべきいのち》をすてゝ、義《ぎ》を立《たつ》る時《とき》は、義《ぎ》ほど貴《たつと》き物《もの》はなし。

熟世間《つくづくせけん》を見《み》るに、かる〱と命《いのち》をすつる者多《ものおお》し。然《しか》れとも依レ義死《ぎによつてし》する者《もの》、千人《せんにん》に一人《ひとり》もあらんか。一向《いつこう》に賤《いやし》き下郎《げろう》の内《うち》には、却《かえつ》て多《おお》かるべし。

智《ち》あらん人《ひと》、義《ぎ》に死《し》する事難《ことかた》かるべしと独言《ひとりごと》を云《いい》て、永日《ながきひ》を消《け》する折節《おりふし》、さる人来《ひときた》り、語《かた》りけるやうは、財宝《ざいほう》は、尤惜《もつともおし》き物《もの》なから、命《いのち》ありての上《うえ》の財宝《ざいほう》なれは、誠《まこと》の時《とき》は財宝《ざいほう》を捨《す》て命《いのち》を全《まつと》ふす。かほと重《おも》き命《いのち》を、又義《またぎ》の為《ため》にやすく人《ひと》のすてぬるを思《おも》へは、命《いのち》よりも人《ひと》の重《おもん》する物《もの》は義也《ぎなり》。

欲《よく》と命《いのち》と義《ぎ》との三《みつ》の内《うち》、尤《もつと》も人《ひと》の重《おも》くする物《もの》は、義《ぎ》ならすやと云《い》へり。

人は義よりも欲のために死ぬ

　私はそこで、こういう話をしたのです。

「欲と生命と義の三つのもののうち、最も重んじなければならないのは義であるといえば、これは全く当然のことでしょう。しかし、欲と生命と義のなかで、人々が皆、義を重んじているというのは間違いです。人は、ただただ欲と生命を大切にして、義に心がける者はありません。」

　ある人は、こういいました。

「財産も生命あってのもの、生命がなければ財産など役にもたちません。大切なのは生命ただ一つです。その生命を義のために捨てる者が多いではありませんか。」

　そこで、私はまたいいました。

「誰が、義のために生命を軽んじたというのです。」

「たとえば、人に悪口をいわれて、我慢しきれず、遂に殺しあいになって生命を捨てる者はたくさんいます。これは、義を重んじて、生命にかえたということです。財産も生命も捨て、義を立てて死んだのです。

また、戦場に出て討死《うちじに》する者の数は、数え切れないほどあるではありませんか。これらは皆、義のために死んだ人たちです。それを考えると、人は皆、欲や生命より義を重んじているといえるでしょう。」

と、ある人はいい、私は、

「人に悪口をいわれて、口惜しさのあまり死んだのは、義のために死んだようであって、決してそうではありません。ただ、一時の怒りに我を忘れ、前後の見境《みさかい》もなくなっただけのことです。義のためではなく、怒りのための死なのです。これを義だなどとは到底いえません。

人に悪口をいわれたのはそれ以前に、その人が義に反していたからです。だから悪口をいわれるのです。人との付き合いのなかで、義を立てていれば、人が悪口をいうはずはありません。人に悪口をいわれたなら、悪口をいわれる前に、自分が義に反していたと知るべきです。」

予《よ》こゝに於《おい》て、有差別説話《さべつのせつわあり》。欲命義此《よくいのちぎこ》の三《みつ》の内《うち》、可尤重者義也《もつともおもんずべきものはぎなり》といはゝ、理《り》の当然也《とうぜんなり》。欲命義此《よくいのちぎこ》の三《みつ》の内《うち》、人皆尤重《ひとみなもつともぎをおもんず》義と云《い》はゝ、不相当《あいあたらず》。只欲命《ただよくいのち》を重《おも》うして、義《ぎ》を思《おも》ふ者《もの》なし。時《とき》に其人《あるひと》云《い》へることあり。財《ざい》も命《いのち》あつての財也《ざいなり》。命《いのち》なき時《とき》は、財《ざい》も無用《むよう》、只《ただ》命一《いのちひと》つ也《なり》。然《しか》るに命《いのち》を軽《かる》く義《ぎ》にすつる者多《ものおお》しと云《い》へり。我云《われいわ》く、誰《だれ》か能《よ》く為義軽命《ぎのためにいのちをかろんぜる》そや。其人云《あるひといわく》、人《ひと》に雑言《ぞうごん》いはれて、こらへす、互《たがい》に忽《たちまち》に命《いのち》をすつる者《もの》世《よ》に多《おお》し。是《こ》れ義《ぎ》を思《おも》うて命《いのち》を軽《かろ》ふするなり。財《ざい》と命《いのち》と共《とも》に義《ぎ》にかへて死《し》する也《なり》。又臨戦場《またせんじようにのぞんで》うち死《じに》する者《もの》いくばく其数《そのかず》をしらす。皆是《みなこ》れ義《ぎ》に死《し》する者也《ものなり》。是《これ》を思《おも》へは、人皆欲命《ひとみなよくいのち》よりも義《ぎ》を重《おも》くする也《なり》と云《い》へり。

我曰《われいわく》、人《ひと》に雑言《ぞうごん》いはれて、口惜《くやし》とて死《し》する者《もの》は、義《ぎ》に似《に》たれとも義《ぎ》にあらす。一旦《いったん》の怒《いかり》に忘レ身者也《みをわするるものなり》。一向《いっこう》に義《ぎ》にあらす、怒《いかり》と名《な》つく、義《ぎ》とは名付《なづ》けす。人《ひと》に雑言《ぞうごん》せられさる先《さき》に、義《ぎ》たかふ故《ゆえ》に、雑言《ぞうごん》をうくる也《なり》。人《ひと》と交《まじわ》りて義《ぎ》たゝしけれは、人雑言《ひとぞうごん》せす。人《ひと》の雑言《ぞうごん》を我身《わがみ》にうくるは、雑言已前《ぞうごんいぜん》に、我義《われぎ》を失《うしな》ふとしるべし。

義の本質

義とは、誠に大切なものであります。

義の本質は天の理なのです。これを人が自ら行なう時に、性《さが》といい、生まれながらにして人のなかに与えられた心の作用であるとするのです。

徳《とく》といい、道《みち》といい、仁《じん》と呼び、義《ぎ》といい、礼《れい》といっているのは、皆、同じものなのです。ただ、その置かれる場所によって呼び名が変わり、用い方も異なってくるのですが、本質は全く同じなのです。

これが仁と呼ばれる時は、他人との関係において、博愛という意味に用いられます。義という文字を用いて、自分自身の心のありようから見る場合には、間違いない道理の正しさを求めるのです。たとえ死んだにしろ、道理にあっていなければ、義ではありません。それなのに、人は死にさえすれば義だと思っているのです。

義とは、人の心のうちを貫いている、正しくまっすぐなものを本質としているのです。この道理の感覚を定規《じょうぎ》として、そこから生まれてくるものこそ義なのです。

義《ぎ》と云《い》ふ事《こと》甚《はなはだ》大切《たいせつ》なり。

義《ぎ》と云《い》ふは、其体《そのたい》を云《い》へは天理也《てんりなり》。人《ひと》の身《み》にうけて性《さが》と云《い》ふ。或《あるい》は徳《とく》と名《な》づけ。或《あるい》は道《みち》と名《なづ》け。或《あるい》は仁《じん》と名《なづ》け。或《あるい》は義《ぎ》と名《なづ》け。或《あるい》は礼《れい》と名《なづ》く。其座《そのざ》によりて字《じ》かはり、其用異《そのようこと》なれとも、体《たい》は只一也《ただいつなり》。

仁《じん》の字《じ》に書《かき》て仁座《じんざ》にある時《とき》は、其用博愛也《そのようはくあいなり》。又義《またぎ》の字《じ》に書《かき》かへて、義《ぎ》の座敷《ざしき》にては、其用《そのよう》、成敗分明《せいばいぶんめい》に是非《ぜひ》不レ違也《たがわざるなり》。死《し》しても、死《し》の道理《どうり》に当《あた》らされは非《ぎにあ》レ義《らず》。然《しか》るを死《し》すれは義也《ぎなり》と思《おも》へり。

義《ぎ》は人《ひと》の中心《ちゅうしん》の邪《よこしま》なき体《たい》として、其中心《そのちゅうしん》の直《ちょく》なる物《もの》を縄墨《じょうぼく》とすれは、万《よろ》つ作《な》す所《ところ》の義也《ぎなり》。

義を軽んずる者

人の心を貫くまっすぐな感覚によらず、欲のために死ぬのは、義の死ではありません。今述べたような本当の義に死ぬ者が、千人のうち一人もいるでしょうか。

自分が主君に仕えるようになってから、身にまとう衣類、腰に差す物から、乗り物、馬、諸道具に至るまで、主君の恩によらない物は何一つありません。さらに、その親族、妻子も皆が皆、主君の恩を受けているのです。これらの恩を深く思って、主君のために戦場に出ては生命を捨てて働くというのであれば、これは義のために死んだ者ということができます。

自分の名誉のためでもなければ、功名をあげて、領地をもらおうという気持でもありません。ただ恩を受けて、それに報いようとする心の誠であります。

こういう死に方をする者が、千人に一人いるかいないかというわけです。千人に一人いれば、十万人のうちで百人ということになります。何か事のある時、それに参加する者は十万人はあるでしょう。そのなかに、はたして百人の義の者がいるでしょうか。

何時いかなる時でも、国が乱れて戦闘状態になることはあります。五千人、七千人の戦死者が出ることも当然です。このなかには、敵と打ちあって、功名をたてる者もあり、また何思うこともなく討死する者もあります。これらの戦死者は、義によって死んだようには見えますが、たいていは義のためではありません。名と利、この二つによるのです。

その一つは功名をたてようという気持です。功名をたてて、戦いの後には領地をもらい、立身出世をしようと思うのが、もう一つです。

成功して立身する者もあり、討死してしまう者もあります。また年寄った武士のなかには、何時までも便々として生き長らえているわけにもゆかぬ、この戦いに功名をたてて、老後の名を子孫に残そう、もし戦死せずに功名をあげられれば、子孫には、名誉と利益の二つを残してやることができると考えて、死を厭わない者なども、同類です。どれもこれも皆、名と利の二つなのです。欲から生まれた血気の死なのです。義ではありません。

なかには、主君から有難い言葉を受け、それに対して生命を捧げる者もいます。これは義のための死です。義は、最も重んじなければならないのに、義を重んずる者はいません。

生命を捨てた者も、生命を惜しんで恥をかいた者も、義を軽んじることでは同じなのです。

中心《ちゅうしん》を以《もっ》てせすして、欲《よく》を以《もっ》て死《し》する者《もの》、義《ぎ》の死《し》にあらす。

右《みぎ》に云《い》ふ所《ところ》の義《ぎ》に死《し》する者《もの》。千人《せんにん》に一人《ひとり》あらんかと云《い》ふ者《もの》は、我主《われしゅ》を取《と》りてより、肩《かた》にきる物《もの》、腰《こし》に帯《おび》る物《もの》、足《あし》に踏《ふ》む物《もの》、乗物《のりもの》、馬《うま》、物《もの》の具《ぐ》、一《ひと》つとして主《しゅ》の恩《おん》にあらすと云《い》ふ物《もの》なし。其眷属妻《そのけんぞくさい》子《し》家子《いえのこ》多少《たしょう》、其《そ》のはこくみ、一《ひと》つとして主《しゅ》の恩《おん》にあらすと云《い》ふことなし。此恩《このおん》を深《ふか》く思《おも》ふ者《もの》、為レ主《しゅのために》臨二一戦一《いっせんにのぞみ》一命《いちめい》をすつ、是《こ》れ義《ぎ》を以《もっ》て死《し》する者也《ものなり》。

己《おの》か名《な》の為《ため》にてもなし。高名《こうみょう》して知行所領《ちぎょうしょりょう》を取《と》らんとの心《こころ》にてもなし。得レ恩《おんをえて》報レ恩《おんにほうず》、中心《ちゅうしん》の誠也《まことなり》。

如レ此《このごとくし》死する者《もの》は、千人《せんにん》に一人《ひとり》あるへきか有《あ》るまじきか。千人《せんにん》に一人《ひとり》あれは、十万人《じゅうまんにん》に百人《ひゃくにん》なり。何事《なにごと》もある時《とき》は、十万《じゅうまん》の人数《にんずう》はあるべし。百人《ひゃくにん》の義者《ぎのもの》はありかたし。

いつとても国《くに》の乱《らん》あらんに、五千七千《ごせんななせん》も死人《しにん》あるべし。敵《てき》と打《うち》あふて高名《こうみょう》をし、又《また》は念《ねん》なく打死《うちじに》する者《もの》あり。是《こ》れ皆義《みなぎ》に似《に》たれとも、多《おお》くは義《ぎ》にあらす。名《みょう》利《り》の二《ふたつ》なり。

高名《こうみょう》せんと思《おも》ふ一《ひと》つ、高名《こうみょう》したる後《のち》、所領《しょりょう》を取《と》り、立身《りっしん》せんと思《おも》ふ一《ひと》つ也《なり》。

仕得《しえ》て名《な》を取《と》り、立身《りっしん》するもあり。打死《うちじに》する者《もの》もあり。又老武者《またおいむしゃ》の、いつまて世《よ》にはありはつべき、此度高名《このたびこうみょう》して老後《ろうご》の名《な》を子孫《しそん》に残《のこ》し、若《も》し死《し》せすして高《こう》名《みょう》せは、名《な》と利《り》と共《とも》に子孫《しそん》の家《いえ》に残《のこ》すべしとて、一命《いちめい》を軽《かろ》くする者《もの》、此等《これら》の類《たぐい》、悉皆名利《しつかいみようり》の二《ふた》つ、欲《よく》より出《い》てたる血気《けつき》の死《し》なり、義《ぎ》に非《あら》す。

或《ある》は又身《またみ》に於《おい》て忝《かたじけな》き主《あるじ》の一言《ひとこと》を蒙《こうむ》りて、一命《いちめい》を奉《たてまつ》る者《もの》、是《これ》は又義死也《またぎのしなり》、義《ぎ》は尤《もつと》も重《おも》くせん物《もの》なれとも、義《ぎ》を重《おも》ふする者《もの》なし。故《ゆえ》に欲《よく》に命《いのち》をすて、又命《またいのち》を惜《おしみ》て恥《はじ》をあらはす者《もの》、皆生《みない》きても、死《しん》ても義《ぎ》を軽《かろう》する類也《たぐいなり》。

あまりにも義を知らぬ人

程嬰《ていえい》、杵臼《しょきゅう》は、二人とも義のために死にました。伯夷《はくい》、叔斉《しゅくせい》の兄弟が、臣として主君を殺すことがあってはならぬと諫《いさ》めたのも、義を思う人だったからです。彼らが首《しゅ》陽山《ようさん》で餓死したのも、そのためです。

義のために死んだ人は、こうしてみても、昔から決して多くはありません。まして現在のように無道のはびこる時代には、欲や命を軽んじて、義を重んずる者はおりますまい。誰も彼も、皆、欲のために命を捨て、もしくは、生命惜しさのために恥をかいても生き長らえるのです。皆が皆、義ということを全くわかっていないのです。

それなのに、人々は、本当に義をわかっている者はいないのに、いかにも義を思っているつもりになっています。

愚かなばかりに人に乱暴を働けば、乱暴された者はこれを我慢しきれずに悪口をいいます。この悪口が口惜しいといって生命を失う、そんな人が多いのですが、これは義を知らないためであり、また欲のための死なのです。

人には乱暴をしかけておきながら、自分は悪口をいわれたくないと思うのは欲です。たとえば、人に石を与えて、相手がかわりに黄金をくれるというなら、同意するのでしょうが、もし、相手も石をくれたとしたら、相手を切り捨ててやろうと怒るのと同じことなのです。

人によい言葉を述べれば、相手もよい言葉を返すのが当然です。悪口をいわれれば悪口を返すのもあたりまえでしょう。それを、悪口を返されたからといって、相手を切り、自分も死のうというのは欲であります。義ではありません。ただただ愚かの極といわねばなりません。

また、武士として生きている以上、主君を持っており、主君のためにこそ生命を捨てるはずのものを、単なる口げんかで死ぬなど、ことの正しいか正しくないかを吟味する以前に、まず義を知らぬ者としなければなりません。

［註］程嬰、杵臼＝晋の景公の時代に宰相趙朔《ちょうさく》の家にいた二人の食客。奸臣屠岸賈《とがんこ》によって趙一族が皆殺しにあった時、二人は趙朔の遺児を屠岸賈の追及から逃れて守り育てるため、杵臼は遺児と偽って別の子を抱き、共に死んだ。残った程嬰は、杵臼との約束通り遺児を育て、屠岸賈を滅ぼしたが、遺児が成人すると、自分を信じて先に命を捨てた杵臼の許に行くといい残して、自らの首をはねて死んだ。

伯夷、叔斉＝殷の末期の処士。伯夷が兄、叔斉が弟である。二人は周の武王が殷の紂王を討とうとした時、臣が主君を殺すのは許されないと諫めたが、聞き入れられなかった。殷が滅びると、周の粟を食べることを拒み、首陽山にかくれ、餓死したと伝えられる。

程嬰杵臼共《ていえいしよきゆうとも》に義《ぎ》に死《し》する者也《ものなり》。伯夷叔斉《はくいしゆくせい》は臣《しん》として君《きみ》を殺《ころ》すことを歎《なげ》く、是《こ》れ又思レ義人也《またぎをおもうひとなり》。終《つい》に首陽《しゆよう》の下《もと》に餓死《がし》す。

如レ此《このごとき》の人《ひと》を求《もとむ》るに、古《いにしえ》も其数多《そのかずおお》からす。まして今《いま》の無道《むどう》の世《よ》に、欲命《よくいのち》を軽《かる》くすて、、義《ぎ》を重《おも》くする者《もの》あらじ。只《ただ》こと〳〵く欲《よく》に身《み》をすて、又耻《またはじ》にかへて命《いのち》を惜《おし》む。皆義《みなぎ》は毛頭不レ存者也《もうとうぞんぜざるものなり》。

人皆義《ひとみなぎ》を思《おも》ひかほなり。真《しん》に義《ぎ》を思《おも》ふ者《もの》あるべからす。愚痴故《ぐちゆえ》に人《ひと》に狼藉《ろうぜき》をしかけぬれは、人是《ひとこれ》をこらへす雑言《ぞうごん》を吐《は》く。此雑言口惜《このぞうごんくやし》とて命《いのち》をすつ。是《こ》れ不義《ふぎ》の人《ひと》にして又欲《またよく》なり。人《ひと》には狼藉《ろうぜき》して、我《われ》は雑言《ぞうごん》うくましきと思《おも》ふは欲也《よくなり》。たとへは人《ひと》に石《いし》をやりて、人《ひと》から黄金《こがね》をくれる同心《どうしん》せう、石《いし》をくわは、人《ひと》のつら、きらうと怒《いかり》たるほどの事也《ことなり》。

人《ひと》に金玉《きんぎょく》の言《ことば》をあたへたらは、金玉《きんぎょく》の言《ことば》をかへすべきに、人《ひと》に悪言《あくげん》をあたへて、悪言《あくげん》をかへさは、つら切《きつ》て我《われ》も死《し》なんとするは欲也《よくなり》。不義也《ふぎなり》。愚之至也《おろかのいたりなり》。

又武士《またぶし》たる者《もの》、皆主《みなあるじ》を持《もち》て、主《あるじ》の為《ため》に死《し》なん命《いのち》を口論《こうろん》に死《し》する者《もの》、是非《ぜひ》を分《わか》たすして、先《ま》つ不義《ふぎ》の者也《ものなり》。

人は欲のかたまり

欲といいますが、これはただ、やたらに財産を欲しがるとか、金銀宝物を集めたがることだけを指しているのではありません。

目が物を見るのも欲によるのです。耳が声を聞くのも欲によって聞くのです。鼻が香をかぐのも、やはり欲によるのです。ほんのちょっと、何かをしようという思いが芽生えるのも、欲あればこそなのです。

人間の身体は、総て欲のかたまりだといえます。誰でも、欲の強いのは、至極あたりまえのことなのです。勿論、欲で固めたような人間の身体のなかにも、無欲を本質とする部分も含まれています。けれども、常に、強く激しい欲の陰にかくれて、表面に現われるのは難しいのです。しかも、この無欲の本質は守りにくく、また、外部の総ての物に動かされ、他の六欲《ろくよく》に負《ま》けて、その結果、欲一方になってしまうのです。

［註］六欲＝六根、つまり眼、耳、鼻、舌、身、意の欲情を指す。すなわち色欲、形貌欲、威儀姿態欲、言語音声欲、細滑欲、人相欲の総称。

欲《よく》と云《い》ふ、只財宝《ただざいほう》に付《つい》て、金銀所望《きんぎんしよもう》に思《おもう》てのみ、欲《よく》と云《い》ふに非《あら》す。眼《め》に色《いろ》を見《み》るも欲也《よくなり》。耳《みみ》に声《こえ》を聞《き》くも欲也《よくなり》。鼻《はな》に香《か》を齅《か》くも欲也《よくなり》。一念《いちねん》わづかにきざすも是《これ》を欲《よく》と名《な》づく。

此身《このみ》は欲《よく》を堅《かた》めて、作《つく》り出《いだ》せる物也《ものなり》。人皆欲《ひとみなよく》につよき事尤道理也《こともつとどうりなり》。欲《よく》を以《もつ》て堅《かた》め作《つく》りたる身《み》の内《うち》に、無欲《むよく》の性《さが》こもりてあれども、常《つね》に血気《けつき》にかくされて、徳《とく》を外《そと》へ播《は》しかたし。此性《このさが》しかも不レ守レ一《いつをまもらず》。外《そと》の万事《よろずこと》に応《おう》する故《ゆえ》に、外《そと》の六欲《ろくよく》にひかれて、欲《よく》におつる也《なり》。

欲から我々の身心は生まれた

我々の身心をくわしく見ると、色《しき》、受《じゅ》、想《そう》、行《ぎょう》、識《しき》の五蘊《ごうん》に分けられます。

色《しき》とは、われわれのこの肉体そのものです。受《じゅ》とは、この肉体が受け、感じる、善いか悪いか、正しいか正しくないか、悲しみか歓びか、苦か楽かなどの感覚をいいます。想《そう》とは願望です。悪を嫌い善を願い、悲をしりぞけて歓を願い、苦を除き楽を願う、その思いが想なのです。

行《ぎょう》とは、先の受《じゅ》と想《そう》を自分自身で行なうことを意味します。苦しみを嫌って楽しいことを行ない、悪を嫌って自分の身に善を行なおうとする働きです。

識《しき》とは、受《じゅ》、想《そう》、行《ぎょう》における善悪、是非、苦楽、悲観を弁別して、悪を悪と知り、善を善と知り、苦を苦と知り、楽を楽と分ける意識をいいます。

この識は、醜を嫌い、美を喜ぶという善悪、是非とは別な判断も働いているのです。この判断に従って、身体が動くのです。

身体があるから感覚があり、感覚があるために願望があり、願望があるので、これを行なおうとし、行なおうとするから意識が働くのです。

この意識によって、善悪、是非、醜美を分け、そのうちの何を取り、何を捨てるかの思いが起こり、思いが起こる故に、そこに肉体が存在するのです。それは、まるで太陽や月の赤い姿がはっきりと墨に映るように明らかなことなので仏も、「物《もの》に応《おう》じて形《かたち》を現《あら》わすこと、水中《すいちゅう》の月《つき》の如《ごと》し」と説いておられます。

色《しき》、受《じゅ》、想《そう》、行《ぎょう》、識《しき》、つまり肉体から感覚へ、そして願望へ、それを行なうことから意識へと回って、また肉体にかえる、このへめぐりをおしつづめれば、つまり身体と心の働きは十二因縁《じゅうにいんねん》の流転《るてん》によって、この肉体を生じたのですから、すべては意識から始まることになるのです。

識《しき》とは即ち欲です。この欲から、我々のこのような肉体が生まれてくるのですから、そもそも、この身体の総ては欲で固まっているわけです。ですから、髪の毛一本を引っぱっても欲の心は起こるのです。指の先にチラと触っただけでも欲念は起こり、足の爪先に触れても、欲念は起こるのです。何といっても、身体中、どこからどこまで欲でかたまっているのですから、無理もありません。

［註］十二因縁＝人が前生から今生に生まれ、老い死ぬと、次の世に生まれてくる。それを三世輪廻《りんね》というが、この有様を十二の因果関係で説いたもの。

此身《このみ》は、色受想行識《しきじゅそうぎょうしき》の五蘊也《ごうんなり》。

色《しき》とは、此色体《このしきたい》を云《い》ひ。受《じゅ》とは、此《こ》の色体《しきたい》あれは、善悪是非《ぜんあくぜひ》、悲観苦楽《ひかんくらく》を受《う》けるを云《い》ふ。

想《そう》とは願《ねが》ひ思《おも》うの義也《ぎなり》。悪《あく》を嫌《きら》ひ、善《ぜん》を願《ねが》ひ、悲《ひ》を去《さ》り、歓《かん》を願《ねが》ひ、苦《く》を除《のぞ》き、楽《らく》を願《ねが》ひ思《おも》ふを想《そう》と云《い》ふ。

行《ぎょう》とは、上件《じょうけん》の受想《じゅそう》を取《とり》て身《み》に行《おこな》ふ也《なり》。苦《く》を嫌《きら》ひ楽事《らくじ》を行《ぎょう》し、悪《あく》をきらひ、我《わが》身《み》によきことを行《ぎょう》するを云《い》ふ也《なり》。

識《しき》とは、上件《じょうけん》の受想行《じゅそうぎょう》の善悪是非《ぜんあくぜひ》、苦楽悲観《くらくひかん》の事《こと》を分別《ふんべつ》して、悪《あく》を悪《あく》とし、善《ぜん》を善《ぜん》とし、苦《く》を苦《く》とし、楽《らく》を楽《らく》と分別《ふんべつ》するを云《い》ふ。

此識《このしき》、依怙《えこ》分別《ふんべつ》する故《ゆえ》に、醜《しゅう》を嫌《きら》ひ、美《び》に就《つ》く也《なり》。着《ちゃく》する所《ところ》に随《したがい》て此色体《このしきたい》をうくる也《なり》。

此色体《このしきたい》ある故《ゆえ》に受蘊《じゅうん》あり。受蘊《じゅうん》ある故《ゆえ》に想蘊《そううん》あり。想蘊《そううん》ある故《ゆえ》に行蘊《ぎょううん》あり。行《ぎょう》蘊《うん》ある故《ゆえ》に識蘊《しきうん》あり。此識《このしき》の故《ゆえ》に、善悪《ぜんあく》、是非《ぜひ》、醜美《しゅうび》を分別《ふんべつ》して、取捨《しゅしゃ》の念起《ねんおこ》り、念《ねん》の起《おこ》る所《ところ》に色体《しきたい》を生《しょう》すること、日月《にちげつ》のにはたすみにうつるか如《ごと》し。応《ものに》レ物現レ形《おうじてかたちあらわる》、如二水中月一《すいちゆうのつきのごとし》と、仏《ほとけ》とける也《なり》。

色受想行識《しきじゆそうぎようしき》と、識《しき》より色《しき》に、かへりくつゝむれは、五蘊《ごうん》のふれは十二因縁《じゅうにいんねん》の流転《るてん》より、此《こ》の身《み》を受《う》けたれは、一念《いちねん》の識《しき》よりはじまれり。

識《しき》は即《すなわ》ち欲也《よくなり》。此欲此識《このよくこのしき》が、此五蘊《このごうん》の身《み》を生起《しょうき》する故《ゆえ》に、全体此身《ぜんたいこのみ》は欲《よく》にて堅《かた》めたる物《もの》なれは、髪《かみ》の毛《け》一筋《ひとすじ》ひけとも欲念起《よくねんおこ》り、指《ゆび》のさきにさわるも欲念即《よくねんすなわ》ち起《おこ》る。足《あし》の爪《つま》さきに触《ふ》れとも欲念即《よくねんすなわ》ち起《おこ》る。是《こ》れ全体欲《ぜんたいよく》を以《もっ》て堅《かた》めたる身《み》なれは也《なり》。

まごころと思いやりの心

この、すみからすみまで欲で埋まっている我々の身体のなかに、ひたすら無欲で正直な中心がかくれております。この心は、肉体、感覚、願望、心の働き、意識とは別で、色も形もなく、まして欲とは関係なく存在する、中正で、まっすぐなものなのです。

この心を物指《ものさ》しとして、総ての事を行なう場合、行なうことは皆、義にかなうのです。この中正な、まっすぐなものこそ、義の本体、義の本質なのです。

義とは、表面に現われた行動に対して与えたかりの名です。仁《じん》というのも、やはり、この中正にしてまっすぐな、色も形もないものです。博愛をおよぼす時に用いられ、その本質を仁というのですが、それは博愛の範囲のなかでかりにつけた名なのです。仁《じん》、義《ぎ》、礼《れい》、智《ち》は、みな同じ物につけられた別の名なのです。これらはみな、無欲な中心であることを理解したいものです。

ですから、人の道は忠恕《ちゅうじょ》＝まごころと思いやりのあることであるというのです。忠《ちゅう》の字は、字の通り、中心なのです。そして恕《じょ》は、如心です。中心と如心、すなわち、まごころと思いやりのある心を持てば、どんなことがあっても、悪事はできません。

此欲《このよく》を堅《かた》めたる身《み》の内《うち》に、一向無欲正直《いっこうむよくしょうじき》なる中心《ちゅうしん》がかくれ居《お》る也《なり》。此心《このこころ》は色受《しきじゅ》想行識《そうぎょうしき》の五蘊《ごうん》の身《み》にあらずして、色形《いろかたち》もなければ、欲《よく》と云《い》ふ事《こと》もなし。中正《ちゅうせい》にして直《ちょく》なる物也《ものなり》。此心《このこころ》を縄墨《じょうぼく》にして、一切《いっさい》の事《こと》をなす時《とき》、皆義也《みなぎなり》。此中直《このちゅうちょく》の物《もの》、即《すなわ》ち義《ぎ》の体《たい》なり。

義《ぎ》は外《そと》へあらはれたる所作《しょさ》の上《うえ》に、かりにするゑたる名《な》なり。仁《じん》と云《い》ふも、此中《このちゅう》直《ちょく》の物《もの》なり。博愛《はくあい》を用《よう》とす。体《たい》をさして仁《じん》と云《い》ひ、博愛《はくあい》の上《うえ》に、かりに立《た》てたる名也《ななり》。仁義礼智一体異名也《じんぎれいちいったいいみょうなり》。是中心也《これちゅうしんなり》としるべし。故《ゆえ》に夫子《ふうし》の道《みち》は忠恕也《ちゅうじょなり》と云《い》へり。忠《ちゅう》は即《すなわ》ち中心也《ちゅうしんなり》。恕《じょ》は如心也《じょしんなり》。中心而如心《ちゅうしんにしてじょしん》なれは、万《まん》に一《ひとつ》も悪事《あくじ》なし。

意志は欲によって生まれる

このようにいっても、心の修行を深く積んだ人でなければ、たとえ百日間説教し、それを百日間聞いたとしても、とても心の底から納得することはできますまい。けれども、私たちがこういうのに対して、いや、そんなことはないといわれる人々は、儒学を講義する人、それを熱心に聞いている人の行動と心のなかを見ればよくわかるはずです。仏教の教えを説く人、聞く人も同じです。これは、ただ儒教の悪口をいい、しりぞけようとしていっているのではありません。

けれども、本当の修行を積んで、行きつくべき所に到達した人でなければ、どんな雄弁をふるって説き明かしたとしても、決して心底から納得はしないものです。ただ、それらの人の行動の跡から、早くこのことを知るべきです。

ある人が、不思議がって、こういいました。

「見るのも欲、聞くのも欲、ほんのちょっとの意志がきざしても、それは欲によるものだというのでは、どうやったら義を立て、義を貫くことができるのですか。

強い意志を持つというのは、その願いに凝り固まって岩か木のようになることでしょう。岩か木のように、感覚も願いもなくなってしまっては、主のために義を貫くことはできますまい。とにかく、意志の力をかりなければどんな願いも達成できるはずはありません。」

私はいいました。

「ご不審はもっともです。そもそも心には意志がないので、心だけでは右へ走ったり左に走ったり、上にくっついたり、下にくっついたりすることがありません。

それが、一つの意志が生まれると、左にも右にも走り、上にも下にもつくというように、自分の行きたい所に行くのです。それで、意志は欲によって生まれるというのです。中心を通っているまっすぐな心は、表面には出てこないのです。」

如《このごとく》レ此云《い》ふとても、心《こころ》を悟徹《ごてつ》せさらん人《ひと》は、百日説《ひゃくにちとい》ても、百日聞《ひゃくにちきい》ても、得道《とくどう》あるべからす。

我我《われわれ》如《このごとく》レ此云《い》ふ事《こと》、人《ひと》いなと云《い》は、、儒書《じゅしょ》説《と》く人《ひと》、聞《き》く人《ひと》の心中《しんちゅう》行跡《ぎょうせき》を見《み》るべし。仏書《ぶつしょ》を説《と》く人《ひと》、聞《き》く人《ひと》も同《おな》し。独《ひと》り儒《じゅ》を謗《そし》るにあらす。心《こころ》を悟徹《ごてつ》し見性《けんしょう》せさらん人《ひと》、懸河《けんが》の弁《べん》あり共《とも》、頼《たの》もしからす。以二其行跡一我早可レ知レ之《そのぎょうせきをもってわれはやくこれをしるべし》。

或人一不審《あるひとひとふしん》して云《い》ふ。

見《み》るも欲《よく》、聞《き》くも欲《よく》、一念《いちねん》わつかに起《おこ》るも、皆欲《みなよく》ならは、如何《いか》にして義《ぎ》を遂《と》くべきぞや。

一念《いちねん》のこらすは、岩木《いわき》の如《ごと》くなるべし。岩木《いわき》にしては、主《しゅ》の為《ため》に義《ぎ》をいたすこともなるべからす。此心念《このこころねん》をからずんば難《なりがたし》レ成と云《い》ふ。

我《われ》云《い》ふ、尤《もっと》も此不審《これふしん》なるべし。夫心《それこころ》は無念《むねん》なる故《ゆえ》に、右《みぎ》へ走《はし》らす、左《ひだり》へ走《はし》らす、上《うえ》につかす、下《した》へつかす、中直《ちゅうちょく》なる者也《ものなり》。

纔《わずか》に一念起《いちねんおこ》ると、左右《さゆう》に走《はし》り、上下《じょうげ》へつき、己《おのれ》か欲《ほっ》する処《ところ》へつく。故《ゆえ》に欲《よく》と云《い》へり。中正《ちゅうせい》の徳《とく》かくれたる物也《ものなり》。

欲の力をかりて無欲の義を行なう

だから、この欲をかりないことには、善にしろ悪にしろ、どんな行動もとれないのです。人が川に落ちているのを見て、さあ引き上げようと思う心があっても、手がなければ引き上げることができません。また反対に、人を深みに突き落としてやろうという心があっても、手がなければ、突き落とすこともできないのです。

このように、どんな事でも、うまくいくかいかぬかは、その手の働き次第ということになれば、ことが成るにつけ、敗れるにつけ、道をあやまることになるのです。

そこで、何をやるのにも、欲の力をかりることになるのですが、中心の、まっすぐな心を物指しとして、その判断によって、行動をすれば、欲が正しい力を発揮することになるのです。

この物指しからはずれない欲を、欲念と呼ばずに義といいます。義はつまり徳です。

たとえていえば、中心を貫くまっすぐなものとは車のようなものです。そこに意志をのせて、やってはならないと車が判断すれば、禁止する方へ持って行ってしまいます。よしと判断すれば、うまく行く所へ車を押して行くといったぐあいです。何事も車の判断にまかせてしまえば、できようとできまいと、その行動はすべて義にかなうことになるのです。

欲による意志を無視して、岩か木のようになっては、どんなこともできません。欲の力をかりて、無欲の義にあてはまることをすることこそ、道なのです。

然《しか》れとも、此欲《このよく》をからざれは、善悪共《ぜんあくとも》に其事《そのこと》をなすべき様《よう》なし、人《ひと》の淵《ふち》に、はまりたるを引《ひ》きあげんと思《おも》ふ心《こころ》ありても、手《て》なけれは引《ひ》き上《あぐ》る事《こと》ならず。人《ひと》を淵《ふち》に推落《おしおと》さんとする心《こころ》あれとも、手《て》なけれは推落《おしおと》することならす。

如レ此《このごとく》に物《もの》を成《せい》するも敗《やぶ》るにも、其成《そのな》す手《て》、敗《やぶ》る手《て》のまゝにすれは、成敗《せいばい》ともにひが事《ごと》あり。欲念《よくねん》の力《ちから》をかりて物《もの》を成《な》し、物《もの》を敗《やぶ》るも、中正《ちゅうせい》の直心《じきしん》を縄墨《じょうぼく》となし、直心《じきしん》の縄墨《じょうぼく》をあてゝ、さて成敗《せいばい》することは、欲念《よくねん》の力《ちから》あり。此縄墨《このじょうぼく》に、はずれさるをは、欲念《よくねん》と名付《なづ》けず。即《すなわ》ち、義《ぎ》と名付《なづ》く。義《ぎ》なれは即《すなわ》ち徳也《とくなり》。たとへは中心《ちゅうしん》を車《くるま》にして、念力《ねんりき》をのせて、可レ敗処《やぶるべきところ》へ推《おし》やりて敗《やぶ》り、可レ成処《なるべきところ》へ推《おし》やりて成《な》し、成《な》すにも、敗《やぶ》るにも、中心《ちゅうしん》の車《くるま》の直《ちょく》なるに任《まか》せて成敗《せいばい》すれは、成敗《せいばい》ともに義《ぎ》にあたる。

欲念《よくねん》を離《はな》れて岩木《いわき》の如《ごと》くにては、万事《よろずこと》を作《な》す事《こと》ならざる也《なり》、欲《よく》をはなれすして、無欲《むよく》の義《ぎ》に叶《かの》ふは道也《みちなり》。

特定の神だけを信じては神の道は立たない

一、神《かみ》には有名な神と、あまり名の売れていない神とがあります。住吉《すみよし》、玉津島《たまつしま》、北野《きたの》、平野《ひらの》の神などは、有名な神です。ただ神様とだけ呼ぶのは、名の知れていない神です。神様を崇《あが》め、敬《うやま》っていますという時には、住吉《すみよし》だとか、玉津島《たまつしま》だとか、平《ひら》野《の》、北野《きたの》などと特に名を挙げたりせず、どこの神でも敬い、崇めるのです。

ところが、北野《きたの》の神様を信じていますという時には、平野《ひらの》の神様は、そっちのけです。平野《ひらの》の神様を信じていますという時は、北野《きたの》の神様はどうでもいいぐらいなものです。

一つの神様、一カ所の神様に限って、拝んだり、頼ったりし、よその神様は、ご利益《りやく》があるとさえいいません。この神様だけを信じ、または、この神様は信ぜずに、あちらの神様を信じるというぐあいです。

神というものの全体を考えるのでなく、一つの神、一カ所の神に限って拝んだり信じたりしようとするのでは、とても神の道は成立しません。何であれ、とにかく神であれば、信じ、拝んで、はじめて、神の道が成り立つのです。このことを、君臣の道に引きあてていってみましょう。

君とは、上一人つまり天皇のことです。臣とは、王臣すなわち天皇の臣のことをいいます。それ以下の身分の者に対しては、君臣などの言葉は使いませんが、今、かりにこの言葉を使って、以下の人のことを話しましょう。

主君にも、有名な主君、名もない主君があるでしょう。家来の方にも、名ある家来もおれば、名のない家来もあるはずです。まあ、いってみれば、有名な主とは、家来が、「我らの主人は松井《まつい》出羽《でわ》と申します。」とか「わが主人は山本《やまもと》但馬《たじま》であります。」などと、誇らし気に、名前を挙げていいたてるのが普通です。

一方、名もない主人の場合は、家来も、ただ「わが主人」「わが主君」というぐらいで、強いて名前をいおうとはしません。

家来である人間が、自分の主君を、ただただ主君である、主人であると思って仕えるなら、主君としての道は立つでしょう。そして、主人の方でも、あの家来、この家来と個別に家来のことを考え用いるのでなく、すべての家来を自分の家来であるとだけ、はっきりと思っているなら、家来としての道も立つに違いありません。

一、神《かみ》に有名《ゆうめい》の神《かみ》、無名《むめい》の神《かみ》あり。住吉玉津島《すみよしたまつしま》、北野《きたの》、平野《ひらの》の神《かみ》と云《い》ふは、有《ゆう》名《めい》の神也《かみなり》。只神《ただかみ》とばかりいへは、無名《むめい》の神也《かみなり》。神《かみ》を崇《あが》めうやまひ申《もう》すといへは、住吉《すみよし》、玉津島《たまつしま》、平野《ひらの》、北野《きたの》の名《な》を分《わ》けす。何《いず》れの神《かみ》にても、敬《うやま》ひ崇《あが》め申也《もうすなり》。北野《きたの》の神《かみ》を敬《うやま》ひ申《もう》すといへは、平野《ひらの》をばわきになし。平野《ひらの》といへは、北野《きたの》をはわきになす、と申《もう》す也《なり》。一神一処《いっしんいっしょ》に限《かぎ》りて、余所《よそ》の御神《おんかみ》は利生《りしょう》ありともいはす。爰《ここ》の御神《おんかみ》ばかりを敬《うやま》ひ、又爰《またここ》をすてゝ彼《かれ》を敬《うやま》ふ也《なり》。神《かみ》と云《い》ふ事《こと》は不レ立一処一神《たたずいっしょいっしん》に限《かぎ》る也《なり》。是《これ》は神《かみ》と云《い》ふ道《みち》たゝす。只《ただ》いづくにても神《かみ》と云《い》ふは、神《かみ》をあがめ申《もう》す道立《みちた》つ也《なり》。是《これ》を君臣《くんしん》の道《みち》に取合《とりあい》て云《い》ふべし。君《きみ》とは上一人《かみいちにん》の御事也《おんことなり》。臣《しん》とは王臣《おうしん》の事也《ことなり》。已下《いか》の人《ひと》に君臣《くんしん》なと、はいはす。

今《いま》かり用《もち》ひて、已下《いか》の人《ひと》の上《うえ》に申《もう》す也《なり》。

主君《しゆくん》にも有名《ゆうめい》の主《しゆ》、無名《むめい》の主《しゆ》あるべし。臣下《しんか》にも、有名《ゆうめい》の臣《しん》、無名《むめい》の臣《しん》あるへし。有名《ゆうめい》の主《しゆ》といは丶、我等《われら》か主《しゆ》は松井出羽《まついでわ》と申《もう》す。我主《わがしゆ》は山本但馬《やまもとたじま》と申《もう》すなどを云《い》ふべし。無名《むめい》の主《しゆ》と云《い》は丶、只主《ただしゆ》とばかり云《い》うて名《な》いはす。

為二臣下一者《しんかとなるもの》は、只主《ただしゆ》とばかり思《おも》はゞ、主《しゆ》と云《い》ふ道可レ立《みちたつべし》。主《しゆ》は又臣《またしん》とばかり思《おも》は丶、臣《しん》たる道可レ立《みちたつべし》。

主君の道、臣の道

昔は、「賢い傑れた家来は、二人の主君には仕えぬものだ。」などといって、二人の主君を持たないのが家来として当然のこととされていました。けれども、それから長い年月が経って、あちら、こちらで主君に仕え、結局、わたり歩いて来たような者などが、それをかえって自慢らしく話すようなご時世です。

主君の方でも、どうも気にいらぬなどといって、自分の家から追い出し、家来に恥をかかせたりするのですから、君臣の道、主従の道も乱れたものです。

家来として主君を持つ者は、たとえ何軒の家に次々奉公したとしても、何時も、主君はこの人一人だと思いきめなくてはなりません。これは無名の主だということです。

つまり、神であれば、何の神にも、神としての崇敬《すうけい》を捧げるのと同じように、主君であれば、どの主君に対しても、主君であるということによって、同じように仕えるということです。そうすれば、主君としての道は立つのです。

どの家に仕え、どんな主君に仕えても、そのたびに、これがわが主君だと思い、主君を大切に思って仕えるなら、たとえ仕える家は何軒かわっても、主君は初めから終りまで、一人なのと同じことです。

「私の主人は松井出羽《まついでわ》といいますが、何しろ大変な人で。」などというような男は、給料をもらって、暮しをたてながらも、主君を思う心を持っていないのですから、たとえ次に山本但馬《やまもとたじま》という主人に仕えたとしても、その男の心は先の通りで、ただその対象が山本但馬《やまもとたじま》に移ったというにすぎません。どこのどんな人に仕えようと、主人を思うということもわかっていないのですから、主人に取り立てられることは決してありません。

古《いにし》へは賢臣《けんしん》不レ仕二二君一《にくんにつかえず》とて、両主《りょうしゅ》を不レ持《もたざる》を臣《しん》としけれども、世下《よくだ》りて、あそこ此主《このしゅ》を取《と》らひ、結句《けっく》わたり奉公如レ形《ほうこうかたのごとく》もしたる者也《ものなり》など〻て、手柄《てがら》に云《い》ふ時《じ》節也《せつなり》。

主《しゅ》も又気《またき》にあはぬなど〻て、家《いえ》を追出《おいだ》し恥辱《ちじょく》を与《あた》へぬるほどに、君臣主従《くんしんしゅじゅう》の道《みち》も乱《みだ》れぬる也《なり》。

臣《しん》たる者余多《ものあまた》の家々《いえいえ》をかそへ奉公《ほうこう》すとも、主《しゅ》をは一人《ひとり》と思《おも》ふべし。是《こ》れ無名《むめい》の主也《しゅなり》。無名《むめい》なれば、主《しゅ》と云《い》ふ道《みち》立《た》つ也《なり》。家々《いえいえ》をかぞへて奉公《ほうこう》すとも、あそこにても主《しゅ》は主《しゅ》、又此《またこれ》にても主也《しゅなり》と思《おも》はは、主《しゅ》を大切《たいせつ》に思《おも》ふ事《こと》、家《いえ》はかはるとも、此心《このこころ》かはらすは、主《しゅ》は始終一人《しじゅうひとり》と同《おな》し。

吾《わ》か主《しゅ》は松井出羽《まついでわ》と云《い》ふが、散々《さんざん》の者也《ものなり》とて、扶持所領《ふちしょりょう》を得《え》て、身《み》を立《た》てなから、主《しゅ》と思《おも》ふ心《こころ》もなくして、又他《またた》の山本但馬《やまもとたじま》と云《い》ふ主《しゅ》を取《と》りたりとも、其心《そのこころ》は身《み》に随《したがい》て行《ゆ》く程《ほど》に、いづくにても主《しゅ》と云《い》ふ事《こと》をは不レ知《しらざる》ほどに、身《み》を立《たつ》ることもあるべからす。

無名の主、無名の臣

それよりも、この主人は誰それ、ここでの主人は誰々と、名前を挙げることなく、ただ主人、主人と思って、主人への義を考えることです。そうすれば、たとえ一カ月間でも、あるいは一年、あるいは十年間であろうとも、その主人から給料をもらっている間は、これが私の主人だと、しっかり思って、先に立たぬよう、また影も踏まぬようにと心を使い、気を配って奉公するなら、何軒の家で働こうとも、主君は一人と同じことになるのです。

また主人の方でも、家来を取り替えて使う場合にも、家来を家来として、愛し、いたわって、新入りも古参も別けへだてなく、いつくしんでやるなら、家来も無名の家来、主人も無名の君ということになって、君臣、主従の道は成り立つでありましょう。今日はじめて入った新参者も、十年、二十年の古強者《ふるつわもの》も、別けへだてなく、ただ、自分の家来なのだと思うことが大切なのです。

給料は、多少は違うでしょうが、それは当然のこと。ただ、家来をいつくしみ、愛する態度や心の内に、別けへだてがあってはならないというのです。家来の方でも、今日、召し抱えられた主人であっても、これが主人だと思う時には、今日仕えた主人だなどと思ってはなりません。これこそが、君臣の道なのです。

其《それ》にこの主《しゅ》は誰《だれ》、此《ここ》にての主《しゅ》は誰《だれ》と、名《な》をいはすして、只主《ただしゅ》とばかり思《おも》ひ、主《しゅ》への義《ぎ》を思《おも》ふべし。然《しか》らは一月《ひとつき》なりとも、一年《いちねん》なりとも、又《また》は十年《じゅうねん》なりとも、其《その》はごくみを請《うけ》て居《お》る間《あいだ》は、主也《しゅなり》と思《おも》ひ、跡《あと》にもなすまじき、影《かげ》をも踏《ふ》まじと思《おも》ふ心《こころ》にて奉公《ほうこう》せば、家々《いえいえ》をは数《かぞ》ふとも、主《しゅ》は一人《ひとり》と同事也《おなじことなり》。

又主《またしゅ》たる人《ひと》も、臣《しん》をかへて召使《めしつか》ふとも、臣《しん》たる道《みち》をかはらすして、愛憐《あいりん》の心《こころ》深《ふか》く、新参古参《しんざんこさん》を不レ隔《へだてず》慈悲《じひ》を加《くわ》へなは、臣《しん》も無名《むめい》の臣《しん》、君《くん》も無名《むめい》の君《くん》にして、君《くん》臣主従《しんしゅじゅう》の道可レ立《みちたつべし》。新参今日臣《しんざんこんにちしん》たりとも、古参十年二十年《こさんじゅうねんにじゅうねん》の者《もの》ともへだてなく、愛憐《あいりん》を加《くわえ》て我臣也《わがしんなり》と可レ思事也《おもうべきことなり》。

扶持所領《ふちしょりょう》の多少《たしょう》はかはるべし。於下加二仁愛一心上者《じんあいをくわえるこころにおいては》、可レ無レ隔《へだてなかるべし》。臣《しん》も又今日《またきょう》始《はじめ》て出《い》てたりとも、主《しゅ》と思《おも》ふ義《ぎ》は、今日《きょう》の主《しゅ》と不レ可レ思《おもうべからず》、是君臣《これくんしん》の道《みち》たるべきか。

浮世は夢のごとし

一、李太白《りたいはく》の詩に、このようなものがあります。
天地《てんち》は万物《ばんぶつ》の逆旅《げきりょ》にして、光陰《こういん》は百代《ひゃくだい》の過客《かかく》なり。而《しこ》うして浮《う》き世《よ》は夢《ゆめ》の如《ごと》し。歓《かん》をなす幾《いく》ばくぞ。古人《こじん》燭《しょく》をとりて夜遊《よるあそ》ぶ。よし以《もっ》て有《あ》るなり。

物というのは、別に木や石のような物だけをいっているわけではありません。人も物のなかに含まれているのです。天と地の間（この地球といっても、宇宙といってもよいが）は、人や物の行きかう旅の宿のようなもの。常にさまざまな心をこめて、行きまた帰る物や人は、決して止まるということがないというのです。

月日が経ち、春夏秋冬と次々に移りかわって行くさまは、百代の間も変わることなく、旅人が通り過ぎて行くのによく似ています。この世に生きているわが身の姿は、まるで夢のようで、覚めればあとかたもなく消えてしまうような、はかなさです。そして、その夢を見ている時間も、なんと短いことでしょうか。

だからこそ、昔の人が、夜を日についで、燈火をかかげて夜遊びに精を出したのも、無理はありますまい。

一、李太白云《りたいはくいわく》。天地者万物之逆旅《てんちはばんぶつのげきりよにして》。光陰者百代之過客《こういんはひやくだいのかかくなり》。而浮世若レ夢《しこうしてうきよはゆめのごとし》。為レ歓《かんを》幾何《なすいくばくぞ》。古人秉レ燭夜遊《こじんしよくをとりてよるあそぶ》。良有レ以也《よしもつてあるなり》。

物《もの》とは非情《ひじよう》の物《もの》のみにあらす、人《ひと》をも物《もの》と云《い》へり。天地《てんち》の間《あいだ》は、物《もの》と人《ひと》とのゆきかふ旅《たび》の宿也《やどなり》。物《もの》と人《ひと》と終《つい》にと丶まる事《こと》なし。

光陰《こういん》の過《すぐ》ること、旅客《りよかく》の過《すぎ》てと丶まらざるか如《ごと》し。春夏秋冬《しゆんかしゆうとう》と次第《しだい》に過《す》き行《ゆ》く事《こと》、百代《ひやくだい》もたかふことなし。此身《このみ》はゆめのごとく、ありと見《み》て、さむれはあともなし。又見《またみ》るがうちとても、いくばく時《とき》ぞや。

かるかゆゑに、古人夜《こじんよ》をもつて日《ひ》につぎ、ともし火《び》をか丶けて夜遊《よあそ》びする事《こと》、ゆゑなきにあらすと也《なり》。

節度ある遊び

夜を日についで、一所懸命遊ぶということにおいて、間違いをおかす人もあるかもしれません。遊ぶには節度というものが必要です。節度を守ってのことなら、遊ぶのも決して悪くありません。しかし節度をわきまえないで遊ぶのは狂人です。

遊ぶなら、節度を越えないことです。節度というのは、何事によらず、だいたい、うまいぐあいに決まっているものです。ちょうど竹の節が、ほどほどの位置で、しっかりと竹を形づくり支えているのと同じように、遊びにもほどほどという節度があるはずです。それを越してしまえばよくありません。

公卿《くぎょう》には公卿の遊び、武士には武士の遊び、僧侶《そうりょ》には僧侶の遊びというように、それぞれにふさわしい遊びというものがあります。

その身分、境遇に似つかわしくない遊びをするのは、節度を無視したということになりましょう。公卿ならば、詩歌管絃が、それにふさわしい遊びということになるでしょう。夜を日についで遊んでも、どうということもありますまい。自分自分にふさわしい遊びならば、そんなものなのです。


こゝにおいて、あやまるへし。あそぶに節《せつ》あらん、節《せつ》にあたらんは、あそぶもにくからす。節《せつ》にあたらすは狂人《きょうじん》なり。

あそぶ人《ひと》あやまたす、節《せつ》を過《す》くべからす。節《せつ》といへるは、よろづに大《おお》かたさだまりたる程《ほど》ある物《もの》なり。竹《たけ》の節《ふし》のごとし、あそふにも大《おお》かた程《ほど》あるべし。その程《ほど》程《ほど》にすぎなは、よきにあらす。

公家《くげ》は公家《くげ》のあそび、武家《ぶけ》は武家《ぶけ》の遊《あそ》び、出家《しゅつけ》は出家《しゅつけ》のあそび、それ〳〵のあそびあるへし。

其身《そのみ》に似《に》あはさる遊《あそ》ひをするを、節《せつ》にあたらぬといふべし。公家《くげ》ならは、詩歌《しいか》管絃《かんげん》なるべし。夜《よ》を日《ひ》につきてにくからす。武家《ぶけ》も出家《しゅつけ》も、其身《そのみ》に相応《そうおう》の遊《あそ》びは、さもあるべし。

遊びの心ばえ

僧侶は、遊ぶということなど、するべきではありません。しかし、僧侶の生活は総て公ごととして、たとえ針の先ほどの僅かなことをも厳重に守らねばならないのに反し、一般人の生活は私ごととして、馬や車も通れるぐらいに大きく融通をつけているということが、一般の人の同情をかい、昔と違って近頃では、たいていの遊びも許されるようになってきたようです。

夜のひっそりした会合では、詩歌をたしなむことも許され、連句なども同様の扱いをうけているようです。さらに一般的な遊びとしては、月や花の美しさを愛《め》で、花の木の下、月の見える軒近くに、十四、五歳の少年を連れ、風雅な小壺《こつぼ》などを持って来て、少人数で宴を張るなどのことは、品のよいものです。

また、小硯《こすずり》、短冊箱《たんざくばこ》などを用意してあるのも、ゆかしいものです。道をきわめようと熱意をもって修行している坊主などは、これぐらいの遊びさえも否定しようとします。まして、これ以外の雑多な風情《ふぜい》など、断固として許さないでしょう。

公卿や武士の人々にとっても、この浮世とは、夢のようにはかなく、移ろい易いものです。だから、灯をともして、夜も遊ぼうとするのも至極もっともでありましょう。

だが、総ては夢、まぼろしのようなものだ、さあ、遊べ遊べとばかり、無闇《むやみ》に心を揺すぶって、色ごとに溺れ、おごりの限りを尽すというのでは、いくら古人の言葉を引っぱり出して、その行動を合理化しようとしても、その中身は雪と墨ほどに違うということです。

出家《しゆつけ》などはあそふといふ事《こと》あるべきにあらす。官《かん》には針《はり》をもいれす、私《わたくし》には車《しや》馬《ば》を通《とお》すと云《い》へは、人《ひと》の心《こころ》をとり、世《よ》くだりぬれは、大《おお》かたの遊《あそ》ひは、人《ひと》のゆるすこともあるべし。

夜会《やかい》の忍《しの》びには、詩歌《しいか》もゆるしあらん。連句《れんく》もさもあるべし。下《くだ》りては、月花《つきはな》に心《こころ》をかけ、十四五《じゆうしご》ばかりなる児若衆《こわかしゆう》などいざなひて、花《はな》の本《もと》、月《つき》の前《まえ》、さびたるさゝへなどたづさへて、少人《しようにん》の盃《さかずき》とりはやしなとするは、いやしからす。小硯《こすずり》短冊箱《たんざくばこ》見《み》へたるも、いやしからす。

道心《どうしん》あらん出家《しゆつけ》などは、これもよしとせず。まして此外《このほか》の苴《らいしよ》たる風情《ふぜい》をや。

公家武家《くげぶけ》の人人《ひとびと》、浮世《うきよ》は夢《ゆめ》のごとし、燭《しよく》をとつてよるあそふといふ事尤也《こともつともなり》。何事《なにごと》も夢《ゆめ》ぞ、只《ただ》あそべとて、無レ限心《かぎりなくこころ》をうごかし、色《いろ》にふけり、侈《し》をきはむる事《こと》は、さらに古人《こじん》の言葉《ことば》を引《ひ》き用《もち》ふといへども、古人《こじん》の心《こころ》とは、雪墨《ゆきすみ》のちがひなり。

一遍上人の工夫

一、一遍上人《いっぺんしょうにん》が、紀州由良《きしゅうゆら》の興国寺《こうこくじ》を開かれた法灯国師《ほうとうこくし》にお会いになった折、「歌を詠みました。」といわれました。

「それはまた、どんな。」と国師がお聞きになり、上人は「となふれは、仏《ほとけ》も我《われ》もなかりけり、南無阿弥陀仏《なむあみだぶつ》の声《こえ》ばかりして」と、おっしゃったのです。

そこで国師は、「下の句に、何か工夫なされたらどうです。」といわれました。

その後、上人は熊野《くまの》に籠って、三七、二十一日の修行をされて、再び由良《ゆら》にお寄りになりました。そして、「こう詠みました。」とおっしゃって、披露されたのが、「となふれは、仏《ほとけ》も我《われ》もなかりけり、南無阿弥陀仏《なむあみだぶつ》、南無阿弥陀仏《なむあみだぶつ》」の歌でした。

国師は、「これです。まさにこれです。」と、何度もうなずかれたと、古嶽和尚《こがくおしょう》の書物に書かれております。それを重ねて、お目にかけます。

［註］一遍上人（円照大師　一二三九〜一二八九）＝伊予の人。七歳で出家をし、比叡山で学ぶ。のちに浄土教を学び、熊野で参籠して名を一遍と改めた。その後、空也上人の踊念仏を民衆にすすめ、諸国を巡歴した。それで遊《ゆ》行上人《ぎょうしょうにん》、捨聖《すてひじり》などと呼ばれる。時宗《じしゅう》の開祖。

法灯国師（法灯禅師―法灯円明国師―心地覚心《しんちかくしん》　一二〇六〜一二九八）＝信州の人。臨済宗の僧。一二四九年宋に渡る。帰国後、紀伊に西方寺を開いた。勅命で京に行くほかは、名利をのがれ、法灯派を建てた。

古嶽和尚（古嶽宗亙　一四六五〜一五四八）＝近江の人。室町時代の臨済宗の僧。晩年は大徳寺第七七世となった。

一、一遍上人《いっぺんしょうにん》、紀州由良《きしゅうゆら》の興国寺《こうこくじ》の開山法灯国師《かいざんほうとうこくし》にまみへられし時《とき》、歌《うた》をよみて候《そうろう》と也《なり》。

いかゝあそばしたるぞと国師《こくし》とひ給《たも》ふ。上人《しょうにん》かく「となふれは、仏《ほとけ》も我《われ》もなかりけり、南無阿弥陀仏《なむあみだぶつ》の声《こえ》ばかりして」。と被レ申《もうせられ》し。

国師《こくし》の曰《いわく》、下《しも》の句《く》何《なん》とぞ可レ有《あるべき》と也《なり》。

其後《そのご》、熊野《くまの》に参籠《さんろう》あり、三七日案《さんしちにちあん》せられて、又《また》ゆらへ立《た》ちよられ、かくこそよみて候《そうら》へと、「となふれは、仏《ほとけ》も我《われ》もなかりけり、南無阿弥陀仏《なむあみだぶつ》〱《なむあみだぶつ》」。

国師《こくし》の云《いわ》く、是《これ》にてこそ候《そうら》へと、ながくうけかはれ候《そうろう》と、古嶽和尚《こがくおしょう》の行巻《ごうかん》に書《か》き付《つけ》られ候《そろ》。重《かさね》て御目《おめ》にかけ申候也《もうしそうろうなり》。

相、是くの如し

一、十如是《じゅうにょぜ》というのは、相《そう》、性《しょう》、体《たい》、力《りき》、作《さ》、因《いん》、縁《えん》、果《か》、報《ほう》、本末究竟等《ほんまつくきょうとう》を指します。十界《じっかい》と呼《よ》ばれる地獄《じごく》、餓鬼《がき》、畜生《ちくしょう》、修羅《しゅら》、人界《にんがい》、天界《てんがい》、声聞《しょうもん》、縁覚《えんがく》、菩薩《ぼさつ》、仏界《ぶっかい》は、それぞれ十如是《じゅうにょぜ》すなわち十の面からの真理を証明するのです。地獄《じごく》、餓鬼《がき》、畜《ちく》生《しょう》、修羅《しゅら》、人界《にんがい》、天界《てんがい》という迷いの世界も、声聞《しょうもん》、縁覚《えんがく》、菩薩《ぼさつ》、仏の悟りの世界も、総て、この十如是《じゅうにょぜ》を具えているということです。

そもそも、生物が生まれて来るには、相《そう》、すなわち外的な形というものがなくてはなりません。これを相是《そうか》くの如《ごと》しというのです。その外的性状は、それぞれまちまちですが、相であることは同じです。相が変われば、鳴く声も違って、時鳥《ほととぎす》は時鳥特有の鳴き声、鶯《うぐいす》は鶯の鳴き声になるのです。
それぞれに、その相を主張するために、鳴き声までかわるので、山ほととぎすとか、谷の鶯などと、歌にも詠むのです。しかし、姿が変われば、鳴き声さえ変わるというように受けとってはなりません。歌では、前後を適当に形よくまとめているので、言葉の本当の意味は、理屈にあわせて理解するものです。

〔註〕十如是＝法華経方便品《ほけきょうほうべんぼん》のなかに「仏《ほとけ》の成就《じょうじゅ》せる所《ところ》は、第一《だいいち》の希有《けう》なる難解《なんげ》の法《ほう》にして、唯《ただ》、仏《ほとけ》と仏《ほとけ》とのみ、乃《すなわ》ち能《よ》く諸法《しょほう》の実相《じっそう》を究《きわ》め尽《つく》せばなり。謂《い》う所《ところ》は、諸法《しょほう》の是《か》くの如《ごと》きの相《そう》と、是《か》くの如《ごと》きの性《しょう》と、是《か》くの如《ごと》きの体《たい》と、是《か》くの如《ごと》きの力《りき》と、是《か》くの如《ごと》きの作《さ》と、是《か》くの如《ごと》きの因《いん》と、是《か》くの如《ごと》きの縁《えん》と、是《か》くの如《ごと》きの果《か》と、是《か》くの如《ごと》きの報《ほう》と、是《か》くの如《ごと》きの本末究竟等《ほんまつくきょうとう》となり。」とある。

一、十如是弁《じゅうにょぜをべんず》。如是相《にょぜそう》、如是性《にょぜしょう》、如是体《にょぜたい》、如是力《にょぜりき》、如是作《にょぜさ》、如是因《にょぜいん》、如是《にょぜ》縁《えん》、如是果《にょぜか》、如是報《にょぜほう》、如是本末究竟等《にょぜほんまつくきょうとう》。十界《じっかい》。地獄《じごく》、餓鬼《がき》、畜生《ちくしょう》、修羅《しゅら》、人界《にんがい》、天界《てんがい》、声聞《しょうもん》、縁覚《えんがく》、菩薩《ぼさつ》、仏界《ぶっかい》、十如《じゅうにょ》是《ぜ》は、かくの如《ごと》くと云《い》ふ也《なり》。凡《およ》そ地獄《じごく》、餓鬼《がき》、畜生《ちくしょう》、修羅《しゅら》、人天《にんてん》より、声聞《しょうもん》、縁《えん》覚《がく》、菩薩《ぼさつ》、仏《ほとけ》の十界《じっかい》、各こ《おのおの》の十如是《じゅうにょぜ》を具足《ぐそく》する也《なり》。

凡生《およそうま》るれは、相《そう》なくて不レ叶《かなわず》、是《これ》を相如是《そうにょぜ》と云《い》ふ。その相《そう》まち〱にかはるといへとも、相《そう》にあづかる事《こと》おなし。相《そう》かはれは、なく音《ね》までかはりて、時鳥《ほととぎす》はほと〻きすのなきをなし、うくひすは鶯《うぐいす》の鳴《なき》をなすなり。

おの〱その相《そう》をいはむ為《ため》に、なく音《ね》まで、かはるすかたかな。山《やま》ほと〻きす、谷《たに》の鶯《うぐいす》と、歌《うた》にもよむなり。なく音《ね》さへ、すがたかはれは、かはるとはきく可《べか》らす。歌《うた》はあとさき品《ひん》のよきやうにいひなして、言葉《ことば》の前後《ぜんご》は、義理《ぎり》に合《お》ふてしる物《もの》なり。

一切衆生悉く仏性あり

相《そう》、すなわち姿、形のある物は、総てそのなかに内的な本体を含んでいるものです。仏性《ぶっしょう》は、どんな物にも同じように含まれていますが、姿、形は、それぞれの与えられる物によって違うのです。

総ての生き物は、みんな必ず仏性を持っているという経文の通り、地獄に生まれても、餓鬼、畜生に生まれても、全くかわりない仏性が、めいめいに与えられているので、このように経文《きょうもん》にも説いてあるのです。

座の周りに数多くの鏡を掛け、中心に灯りを一つ置くと、どの鏡にも、灯りが一つずつ見えます。灯りは一つしかないのですが、鏡にはそれぞれ灯りが映るのです。仏性もただ一つですが、それがすべての生き物、十界《じっかい》の鬼畜生にまで、みんな与えられていることをたとえていったものです。華厳経《けごんきょう》に、鏡灯《きょうとう》のたとえもあります。

相《そう》あれは、物《もの》ごとに性《しょう》といふ事《こと》をふくむなり。仏性《ぶっしょう》はおなしけれとも、相《そう》はうくるにしたかつてかはるなり。

一切衆生悉有㆓仏性㆒《いっさいしゅじょうことごとくぶっしょうあり》とて、地獄《じごく》、餓鬼《がき》、畜生《ちくしょう》とても、仏性《ぶっしょう》にかはる事《こと》なく、おの〳〵うくる程《ほど》に、経文《きょうもん》にもかくのことく説《と》けり。

座《ざ》のまはりに、かずのかゝみをかけまはして、中《なか》に一灯《いっとう》をおけは、かゝみごとに、灯《あかり》が一《ひと》つづゝ見《み》ゆるなり。灯《あかり》はひとつにて、かがみごとにうつるを、仏性《ぶっしょう》はたゞ一《いつ》にて、一切衆生十界鬼畜《いっさいしゅじょうじっかいきちく》まで、みなうくるにたとへていへり。華厳《けごん》に鏡灯《きょうとう》のたとへあり。

滅びることのない本体

体《たい》とは法体《ほったい》、つまり物それ自体、そのものの本体を指していいます。何事にも体用《たいよう》＝もととはたらきということがあります。相は本体から生まれ出て、行きつくところまで行けば滅びてしまいますが、本体はなくなることがありません。

雪や氷は用で、水は体だといってよいでしょう。水が凍って氷となり、また溶けて水にもどります。水は体だと考えるのです。

この例は、本体からは、さまざまな形状の相が生まれるが、やはり本体は現われるということをたとえたものです。

一般の人間には、相に現われた姿形だけしか見えません。普通、本体は見ることができないのです。それで、相が生まれ出た時に、現われたといいます。しかし仏の道を修行して、高い所に到達した場合は、本体に戻って、一般には目に見えないところを、現われたというのです。

「峰《みね》の雪《ゆき》、深山《みやま》の氷《こおり》うちとけて、ふもとにさはく春《はる》の水《みず》を」（峰の雪や深山の氷が溶けて、春の水が麓をさらさらと流れているよ）とは、水の本体を歌に詠んだものです。

体《たい》とは、法体《ほったい》のことなり。万《よろず》に体用《たいよう》といふ事《こと》はあるなり。相《そう》は体《たい》から出《いで》て、その相《そう》またきはまりぬれは、やふれはてぬれとも、体《たい》はつくる事《こと》なし。雪《ゆき》や氷《こおり》は用《よう》にて、水《みず》は体《たい》なり。水結《みずむす》ひて氷《こおり》となれは、又《また》とけて、もとの水《みず》となる。水《みず》を体《たい》とす。

これを法体《ほったい》より万《よろず》の相《そう》をいだして、相《そう》つくるとき、体《たい》のあらはるゝに、たとへ侍《はべ》る。

凡夫《ぼんぷ》は相《そう》より外見《ほかみ》る事《こと》を得《え》ず。体《たい》をは得見《えみ》ざりけり。されは出《いで》たる時《とき》、あらはれたると云《い》ふ。さとりには体《たい》にかへりて、目《め》に見《み》えぬ所《ところ》を、あらはれたりといふなり。

峰《みね》の雪《ゆき》、深山《みやま》の氷《こおり》うちとけて、ふもとにさはく春《はる》の水《みず》を、体《たい》によみ侍《はべ》る。

功を為すのが力

相《そう》と性《しょう》と体《たい》を備えていても、力《りき》ということがなくてはなりません。能く功《こう》をなす力ということで、総ての物事をする能力のことです。何によらず、功をなすのは力です。

夏山に木々の緑が茂るなかで、一年中変わらぬ松の緑を特に取り上げて歌に詠むのは、冷たい時雨《しぐれ》や、霜にあっても緑の色が変わらないことを、冬の寒さにめげぬ操を持つものとし、これを力によるものとみているからであります。

相性体《そうしょうたい》を具《ぐ》してあれは、力《りき》といふ事《こと》なくて不レ叶《かなわざる》ものなり。力《りき》といふは、功能《こうのう》為力《いりき》とて、万《よろず》に物《もの》をなすを、ちからと云《いう》なり。それそれの上《うえ》に、功《こう》をなすは力《りき》なり。

夏山《なつやま》に木々《きぎ》の葉《は》の青々《あおあお》とあるが中《なか》にも、常盤《ときわ》の松《まつ》のみさほは、取分《とりわ》けて、それとしらること、よみける心《こころ》は、時雨《しぐれ》にも霜《しも》にも色《いろ》をあらためすして、歳寒《さいかん》の操《みさお》を持《も》たるを、力如是《りきにょぜ》に云《い》ひなしてよみ侍《はべ》る。

作と因縁と果

力《りき》があって、それによって、各々が動作に現わすことを作《さ》といいます。今日、一つの文字を学び、明日も一字学ぶというように、毎日たゆまずに学べば、どんなことでも、やり遂げることができるでしょう。「千里の道も一歩から起こるというようなものだ。」というのは、作《さ》の心を現わしたものです。

相《そう》、性《しょう》、体《たい》、力《りき》、作《さ》の総てを備えていれば、どんなことをやり抜くのも、思いのままです。それをやらないのは、自分自身に責任があります。なぜ、やろうとしないのでありましょう。となると、どうしても因縁がなければならないということになります。

因という字は、よるという文字でもあります。よるとは、その事によって、これこれの事を得るという意味です。

春、種子を土に蒔くことを因というのです。植えたからといって、種子は雨、露などの手助けがなければ、芽生え、生長はできません。この、雨や露の助けを縁というのです。春蒔いた種子である因が、雨露の助けである縁によって生長し、秋に実ることを果というのです。

「おもひそめて、さしもおかれぬ心《こころ》とて、ちつかの後《のち》をたのむ錦木《にしきぎ》」（思いそめて、もうどうすることもできないほどに燃えたら、錦木《にしきぎ》を千束立《せんたばた》てても結ばれたい心の内なのです）と歌に詠んでいますが、錦木を立てる心は、夫婦になろうとする因です。

それを仲介するものが縁といわれ、とうとう結婚して、子供を生み、家も栄えるのを果というように、たとえるのです。

［註］錦木＝にしきぎ科の落葉灌木。古い奥州の風俗に、男が女に逢いたい時、女の家の門に錦木を立てるということがあったという。女が、これに応じようとする時は、これを家のなかに取り入れる。取り入れてもらえない

と、男は更に錦木を立てる。これを千束《ちづか》を限度として、加えていったというもの。

作《さ》とは、力《りき》ある故《ゆえ》に、おのおののそのわざをなすなり。けふ一字《いちじ》まなび、あす一《いち》字《じ》まなび、たゆますしてなさは、いかなる事《こと》もなしつべし。千里《せんり》の道《みち》も一歩《いっぽ》より起《おこ》るといふがことしとよみて、作《さ》の心《こころ》をあらはし侍《はべ》る。

因《いん》とは、右《みぎ》の相性体力作《そうしょうたいりきさ》を具《ぐ》しぬれは、何事《なにごと》をなさんとも、我儘《わがまま》なり。なさざるは身《み》のとがなり。なさばなぞなさゞらん。されは因縁《いんねん》なくして、仏果《ぶっか》にいたるへきやうなし。

たとへは因《いん》とは、よると云《い》ふ字也《じなり》。その事《こと》によつて、しかくの事《こと》を得《う》る義《ぎ》也《なり》。

春《はる》、物《もの》の実《み》を土《つち》に種《う》るを因《いん》といふなり。すてに植《う》るといへども、雨露《うろ》のたすけなけれは、生長《せいちょう》せぬなり。雨露《うろ》のたすけを縁《えん》と云《い》ふなり。雨露《うろ》のたすけによりて生長《せいちょう》して、秋実《しゅうじつ》の事《こと》を果《か》といふなり。

「おもひそめて、さしもおかれぬ心《こころ》とて、ちつかの後《のち》をたのむ錦木《にしきぎ》」と、よみ侍《はべ》る心《こころ》は、錦木《にしきぎ》をたつるは、夫婦《めおと》とならん因《いん》なり。

それにまた媒《なかだち》の縁《えにし》などありけるを、縁《えん》といひ。終《つい》に夫婦《めおと》となり、子《こ》を持《も》ちさかふるを、果《か》とたとへていへるなり。

因縁和合

このように、仏になろうとするには、まず因《いん》を行なわなくては、成仏はできないものです。因である修行を積んで、その後に、果としての成仏を得るのです。果《か》という文字には、菓、すなわち木の実という意味があります。春に植えるという因によって、秋の実りを得るので、これを仏の悟り、成仏にたとえるのです。

縁《えん》は、先に述べた註の通りです。

「出船《いでふね》は、わたのみさきを過《すぎ》なまし、追手《おいて》に成《なり》ぬ武庫《むこ》の山風《やまかぜ》」（出る船は、もう和田《わだ》の岬を過ぎたことだろう。武庫《むこ》の山風が、追風となって）という歌があります。このなかで、舟は因、風は縁ということができます。そして、向こうの岸に着くのは果です。舟がなくては、向こう岸に行きつくことはできません。舟があっても、風の助けがなければ、舟はやはり目的地に着けないのです。これを因縁和合《いんねんわごう》といいます。武庫《むこ》の山風を縁としていますが、仏になるにも、因の修行がなくては、どうにもなりません。

果《か》。

「植《うえ》てこそ、なるをも見《み》つれ幹《みき》のつまに、かたえさしおほふ生《いき》の浦梨《うらなし》」（植ておけばこそ、生《いき》の浦《うら》の、枝のよく繁った梨の木に実がなるのを見ることができるのであるよ）。これが果なのです。

仏果《ぶつか》を得《う》るということ、すなわち修行して仏の悟りに入るということは、梨の木を植えて、実りを見るようなものなのです。「生《いき》の浦《うら》に、かたえさしおほひなる梨《なし》の、なりもならすもねてかたらはむ」（生《いき》の浦《うら》に枝葉が生いしげって、梨の実がなるように、うまくいっても、いかなくても、ともかく寝てちぎりを結ぼうではないか）という本歌《もとうた》があります。生《いき》の浦《うら》とは、伊勢《いせ》のことです。

そのごとく、仏《ほとけ》にならんととくは、まつ因《いん》をなさすして、仏果《ぶつか》には到《いた》られさる也《なり》。因《いん》を修《しゅう》して、後《のち》に果《か》を得《う》るなり。

果《か》に菓《か》といふ心《こころ》あり。春植《はるうう》る因《いん》により、秋菓《あきか》を得《う》、是《これ》を仏果《ぶつか》にたとふるなり。縁《えん》、右《みぎ》の註《ちゅう》に見《み》え侍《はべ》る。「出船《いでふね》は、わたのみさきを過《すぎ》なまし、追手《おいて》に成《なり》ぬ武庫《むこ》の山風《やまかぜ》」。舟《ふね》は因《いん》なり、風《かぜ》は縁《えん》なり。むかひの岸《きし》にいたるは果《か》也《なり》。ふねなくして、岸《きし》にいたられぬなり。舟《ふね》あれども、風《かぜ》の縁《えん》なければはならぬ也《なり》。これを因縁和《いんねんわ》合《ごう》と云《い》ふ也《なり》。武庫《むこ》の山風《やまかぜ》を縁《えん》によみ侍《はべ》る。仏《ほとけ》にならんも、因《いん》を修《しゅう》せすしては不《なら》レ成也《ざるなり》。

果《か》、「植《うえ》てこそ、なるをも見《み》つれ幹《みき》のつまに、かたえさしおほふ生《いき》の浦梨《うらなし》」。これは果《か》なり。仏果《ぶつか》を得《う》るといふは、梨《なし》の木《き》を植《うえ》て、なふなりたるを見《み》るかことくなり。生《いき》の浦《うら》に、かたえさしおほひなる梨《なし》の、なりもならすも、ねてかたらはむといふ本歌《もとうた》あり。生《いき》の浦《うら》は伊勢《いせ》也《なり》。

報いということ

報《ほう》。

「まちて見《み》む、さのみに人《ひと》のつらくとも、恋《こい》せざらめやおもひしるべく」（そんなに辛くあたる貴方も、そのうち恋をしてみれば、私の気持がよくわかるだろうから、それまで待っていよう）とは恋の歌です。

自分にそんなに辛くしようとも、あなたも、まさか恋をしないわけではありますまい。いずれ、この思いをしみじみと実感をもって味わうことでしょう。その時、あなたのしたことが、どんなにひどいことだったかがわかるでしょうというのです。それが報だというわけです。

報、むくいということは、この世でよいことをすれば、次の世では、よいむくいが来るし、悪いことをすれば、悪いむくいが来るという、そのむくいです。

善い因があれば、善い果が得られ、悪い因によって、悪い果が来るのです。声に応じて、音が響き渡るのと同じです。物の影が、物に寄りそっているのと同じです。

一生のうちに行なった因が、その一生が終わった後で、果になることは当然です。現在の因が現在の果となり、過去の因が現在の果となり、さらに現在の因が未来の果となるというように、前世、後世を通じ、また早くても遅くても、結局、逃れることはできません。因と果は同時に現れる、ともいいます。

それは、花を因とし、実を果と考えた時、瓜などは、一方では花が咲いている、その同じ茎に、既に実もなっているということです。稲などは、実った穂の上に花が咲くこともあるほどです。こういう例をとって、たとえました。


報《ほう》、「まちて見《み》む、さのみに人《ひと》のつらくとも、恋《こい》せざらめやおもひしるべく」

とも、恋《こい》の歌《うた》によみ侍《はべ》る。

我《われ》に人《ひと》のさのみつらくとも、そなたの恋《こい》せずしてはよもあらじ、おもひしるべく恋《こい》をやがてめされむ。その時《とき》むくひをしり給《たも》ふへきとなり。

報《ほう》といふ事《こと》、よき事《こと》を此世《このよ》にてすれは、来世《らいせ》にはよき事《こと》がむくひ、悪事《あくじ》をすれは、あしき事《こと》がむくふ。善因《ぜんいん》によりて善果《ぜんか》を得《え》、悪因《あくいん》によりて悪果《あくか》を得《う》る事《こと》、ひびきの声《こえ》に応《おう》し、かげのかたちにそふがごとし。

一世《いっせ》の内《うち》に修《しゅう》したる因《いん》か、一世《いっせ》の後《のち》に果《か》を得《う》る、勿論《もちろん》なり。現在因《げんざいいん》、現在果《げんざいか》也《なり》。過去因《かこいん》、現在果《げんざいか》、又現在因《またげんざいいん》、未来果《みらいか》、前後遅速《ぜんごちそく》のがるべからす。因果同時《いんがどうじ》ともいへり。

花《はな》を因《いん》にたとへ、実《み》を果《か》にたとふ。瓜《うり》などは、花《はな》と実《み》と一度《いちど》に生《うま》る。稲《いね》なとは実生《みしょう》して、実《み》の上《うえ》に花《はな》がさくぞ。かやうの事《こと》もたとへに取《と》り侍《はべ》るなり。

本末究竟等とは

本末究竟等《ほんまつくきょうとう》とは、はじめの相如是《そうによぜ》から、おしまいの報如是《ほうによぜ》までの本末《ほんまつ》、つまり初めと終わりを違えずにぐるぐると廻って十回目にいいます。

究竟《くきょう》とは、押しつめて行って、最後の最後の所をいうのです。

十界《じっかい》のことは、いうまでもありません。生命あるもの総て、小さな虫けらまで、どれもこの十如是《じゅうによぜ》を備えていないものはありません。生き物ばかりか、生命のない物でも、同じなのです。

本末究竟等《ほんまつくきょうとう》とは、はしめの相如是《そうにょぜ》より、報如是《ほうにょぜ》を終《おわり》にして、本末《ほんまつ》たかはす、くるり〳〵とめぐりぬる本末《ほんまつ》を、十《とう》めに云《い》ふなり。

究竟《くきょう》とは、きはまり竟《きわま》る所《ところ》をいふなり。十界《じっかい》の事《こと》はいふに及《およ》はす。いきとし生《いく》るむしけらまでも、みな此十如是《このじゅうにょぜ》を具《ぐ》せすという事《こと》なし。非情《ひじょう》もかはる事《こと》なし。

草木の悲しみを人は知らない

一、栗や柿の実にたとえて話しましょう。

栗や柿には、苦しみも悲しみもないというのは、人間が外側から見て考えたことです。栗や柿の身としては、苦しみも悲しみも、自然に備わっているように見えます。草木が苦しんでいる様子は、人間が苦しみ、心配している姿と少しもかわりません。水をかけてやったりして、生き生きとなる時、うれしそうな様子が見えます。切れば、倒れて、葉がしおれてしまうところは、人が死んでゆく有様と少しも変わりません。

しかし、草や木の苦しみや悲しみを、人間は知ろうとしません。人間が、草や木の苦しみや悲しみを知らないように、草や木もまた、人の悲しんでいるのを見ても、人間には苦しみも悲しみもないのだと思うでありましょう。

我々は草木のことを全く知らないし、草木も我々のことを知らない、ただそれだけのことです。このことは、儒学の本にも書かれています。

一、栗柿《くりかき》の実《み》をもつてたとへ候《そろ》。いたみ、かなしみなしとは、人《ひと》から見申《みもう》したる分別《ふんべつ》にて候《そろ》。かれが上《うえ》には、いたみかなしみも、自然《しぜん》とそなはり候《そうろう》とみえ候《そろ》。草木《くさき》のいたみたる風情《ふぜい》、人《ひと》のいたみうれふる気色《けしき》にかはる事《こと》なし。或《あるい》は水《みず》をそゝきなどするときにいき出《いで》たる、よろこばしき風情《ふぜい》あり。きりたれは、たほれころびて、葉《は》しほ〳〵と成《なり》てはて候体《そうろうてい》、人《ひと》の死《し》にいたるにたかふ事《こと》なし。かれがいたみかなしびを、人《ひと》しらず。かれまた人《ひと》のかなしひを見《み》る事《こと》も、人《ひと》のかれを見《み》るごとくに、いたみかなしみもなしとおもふべし。只《ただ》かれが上《うえ》を我《われ》しらす、我《わ》が上《うえ》をかれしらざるにぞありけん。此義《このぎ》は、儒書《じゅしょ》にも書《か》き置候《おきそろ》。

理解できないものをないという

植物が生えている場所の北側に、垣根や塀などを作ると、その植物は枝を南の方にかたよせます。それを見ても、植物には目こそないけれども、妨害物があることを知る力を持っているのがよくわかります。

夜は眠り、昼は開く百合の花のたとえもありますが、百合ばかりではありません。あらゆる草木のなかの、どれ一つをとってみても、この理のあてはまらないものはありません。

気をつけて見ないから、知らないままで終わるのです。草木のことまで、総てを知ることができるのは聖人ほどの智恵あればこそです。たいていの粗雑な心がけでは、到底、知りもできないことです。

心があるとかないとかいう分け方は、そもそも、いいかげんなものです。総ての物に心がないということはないはずです。ただ、心の形、現われ方が違うので、それを理解できず、ないということになったのではありますまいか。

鶏《にわとり》は寒いと樹の上に上る、鴨は寒い時に水に入るといいます。するど、鴨が寒い時に水に入るのは、鴨には寒いということがないからだといい、鶏が寒い時に樹に上るのだから、鶏は寒いと思うことがないのだと思うのと同じではありますまいか。

水は冷たいのが本体だといい、火は熱いのが本体とされています。そうなると、火の立場に立って水を見ると、水は熱くないのだから本体がないということになり、逆に水からいえば、火には本体がないということになりそうですが、実は、どちらも、それが本体であって、本体がないとはいわないのです。

植物《しょくぶつ》の北《きた》にかべついぢなど候《そうら》へは、この植物《しょくぶつ》、南《みなみ》へかたよるを見《み》れは、目《め》なくても、さわる物《もの》をしるにさだまれり。よるはねぶり、昼《ひる》はひらく、百合花《ゆりのはな》のたとへ候《そうら》へとも、百合花《ゆりのはな》のみにあらす、よろづの草木《くさき》ひとつとして、此理《このことわり》なきはあらす。

心《こころ》を付《つ》けされは、しらでとほすなり。草木《くさき》の上《うえ》まで、しり残《のこ》さぬは聖智也《ひじりのちなり》。大《おお》かたの、あらき心《こころ》にては、しられさる事《こと》にて候《そろ》。

有情非情《うじょうひじょう》とは、先大《まずおお》かたにまうけたる分際《ぶんざい》なり。一切《いっさい》の物《もの》に情《じょう》なきにては、あるへからす。情《じょう》のかはりたるを以《もっ》て、なしといへるにや。

鶏寒《にわとりさむう》して上レ樹《きにのぼり》、鴨寒《かもさむう》して入レ水《みずにいる》なれば、鴨《かも》の寒《さむ》きに水《みず》に入《い》るは、鴨《かも》には寒《さむ》きといふ事《こと》なしといひ、鶏寒《にわとりさむう》して樹《き》に上《のぼ》れは、鶏《にわとり》にはさむき事《こと》なしとおもふごとくなりや。

水《みず》はひやゝかなるを性《さが》といひ、火《ひ》はあつきを性《さが》とす。火《ひ》からいはゞ、水《みず》には性《さが》なし。水《みず》からいはゞ、火《ひ》には性《さが》なしとも、おもふへけれとも、まことにこれを性《さが》といふ。無性《むしょう》とはいはす。

視野が狭ければ、ある物も見えない

何物によらず、子細に気をつけて見れば、この世の物は、どれ一つとして、変わるところはないと思われます。違っていると見えるのは見方が狭いからです。

一本の木の枝葉が繁っているのが邪魔になって、富士山《ふじさん》が我々に見えないことがあるのと同じです。富士山は、一本の木に隠れるほどに小さいわけではありません。ただ、我々の視野が狭いので、木の枝が我々の視線をさえぎって、富士山を見えなくしているのです。それを、木が富士山を隠していると思うのは、我々の視野が狭いからです。

物の道理を知りもしないで、たまたま、よくわかっている人のいう事を、それは違うなどと物知り顔で馬鹿にして笑うのは、人を笑っているようで、かえって自分のことを笑いものにしているのだと、本当にわかっている人は思うでしょう。

今の世の有様を注意深く見てごらんなさい。地は母であり、天は父です。栗や柿の種を地中に埋めると、芽生え、やがて、もとの栗や柿と同じ実がなります。それは天と地とが養い育てるからです。地中に埋められたのは、よそから入って来たものなのに、天と地が育てるということです。

人間であっても、母は地、父は天であることにかわりありません。その子供とは、よそからやって来た居候《いそうろう》みたいなものなのです。

> 物《もの》をこまかに心《こころ》を付候《つけそうら》はゞ、天地《てんち》の間《あいだ》の物《もの》、いづれとて、かはりはあるべしともおもはす。かはりたりと見《み》るは、見《けん》のすぼき故也《ゆえなり》。一樹《いちじゅ》の枝葉《えだは》しけりたるにかくされて、富士《ふじ》の山《やま》、我目《わがめ》に見《み》えざるかことし。富士《ふじ》の山《やま》いかでか一樹《いちじゅ》にかくされん。只我目《ただわがめ》のちいさき故《ゆえ》に、一樹《いちじゅ》わが目《め》を遮《さえぎ》る故《ゆえ》に、富士《ふじ》は見《み》えぬなり。しかるに一樹《いちじゅ》が富士《ふじ》を隠《かく》すと思《おも》ふべし。我見《わがけん》のすぼき故《ゆえ》なり。

物《もの》の理《ことわり》わきまへずして、たまく〳〵ものわきまへたる人《ひと》のいふ事《こと》を、さあらぬ道《みち》などとて、物《もの》しれるかほの人《ひと》、却《かえつ》てそしり笑《わら》ふ事《こと》、人《ひと》をわらふに似《に》て、我《われ》を笑《わら》ふと、実《じつ》の人《ひと》はおもふべし。

今《いま》の世《よ》の有様《ありさま》、心《こころ》にかけて見給《みたも》ふへし。地《ち》は母《はは》、天《てん》は父《ちち》にて候《そろ》。栗柿《くりかき》のたねを地《ち》にやどし候《そうら》へは、はへ出《いで》、もとの栗柿《くりかき》の実《み》、かはらずなり候《そろ》。然《しか》るを父母《ちちはは》はおふしたて候《そろ》。やどり中《もうす》は、よそより入《い》り来《きた》る物《もの》にて候《そろ》。

人《ひと》も、母《はは》は地《ち》、父《ちち》は天《てん》、さて子《こ》となる物《もの》は、よそより入来《いりきた》るやどり物《もの》にて候《そろ》。

中有というもの

一、中有《ちゅうう》は、現世《げんせ》に生きて物を思うのと、少しも違うところなく、物を思っています。だから、現在の世に生きていることをも、有《う》といっているのです。

現在の生が尽き果てると、中有となるのです。現在の身体は滅んだけれども、まだ生まれ変わりはしない、その間を中有と呼ぶのです。

中有から、再び新しい生を承けて生まれ変わると、これを後有《こうう》といいます。中有であれ、後有であれ、現在の生における心と、少しも違いません。

中有にも身体はあります。しかし、それはあまりにかすかで、人間の眼には見えないのです。執着の強い人の中有が、人間の眼に見えることがあります。世間ではままある話ですが、あたりまえのことではないので、人はその体験を疑います。

「おおかた狐か狸に化かされたのだろうよ。」といったり、「あまり心に思っているから、何かを見間違えて、死んだ人の姿だと思ったのだろうさ。」などというのです。

一、中有《ちゆうう》と申《もう》すは、今此現有《こんしげんう》に物《もの》おもふことくに、少《すこし》もかはる事候《ことそうら》はす。かるかゆゑに、今此現有《こんしげんう》をも有《う》と中候《もうしそろ》。

現在《げんざい》の有《う》、はて候《そうら》へは、中有《ちゆうう》と中候《もうしそろ》。又中有《またちゆうう》てんじて身《み》をうけて出候《いでそうら》へは、後有《こうう》と中候《もうしそうら》へは、いづれも今《いま》の此身《このみ》ある時《とき》の心《こころ》に、少《すこし》もかはる事《こと》なく候。

中有《ちゆうう》にも身《み》は候《そうら》へとも、幽《かす》かなるによりて、人《ひと》の目《め》には見《み》えさるなり。又執心《またしゆうしん》ふかき人《ひと》の中有《ちゆうう》は、人《ひと》に見《み》え候事《そうろうこと》、毎度世《まいどよ》に有《あ》る事《こと》なれとも、つねにしもあらさる事《こと》なれば、人《ひと》これをうたかひ、或人《あるひと》は狐狸《こり》のばけともいひ、或人《あるひと》は心《こころ》のあやまりにて、なきすかたを見《み》るならん、なと、いふ。

念力の不思議

なかには本当に狐や狸に化かされたということもあるでしょうし、気のせいで見間違うということもあるでしょう。しかし、全部が全部それだけだということはありません。本当に、死んだ人の姿が見えることも、世の中にはあるのです。

人々が、そういう体験をしゃべっているだけでなく、立派な見識を持って生きてきた人が、書き残しているのです。書き記した人ほどの知識や見識を持たないと、往々にして疑うものだと承知しておいてください。

夢の世界では、この眼に見え、耳に聞こえるわけではないのに、ありありと出会った人の姿が見えます。お互いに話もかわし、音も聞こえれば、物の色も見え、さらには、男女の交りなど、日頃自分が望んでいることが、今にも遂げられそうになって覚めるのです。

覚めてはじめて、ああ夢だったかと気づくのであって、夢を見ているうちは、これは夢なのだ、本当のことではないのだ、などとは、少しも思わないのです。

夢というのは、未だ現実に自分の身体が生きていて、その身体自体がしばりつけられているので、実際には行きたい所に行くことができないのを、意志によって行きたい場所を自分の方に引き寄せたものなのです。

本当に死んでしまえば、もう自分の肉体を離れてしまうので、縄から放された猫のように、どこにでも行きたい所へ行けます。夢のなかの意志と同じように、自由に行きたい所へ行くのです。

たとえ深い闇のなかでも、戸や障子を閉めたなかにでも、自由に入って行けます。これは形がないからです。形はあることはあるのですが、肉体ではないので、水に映る影か、燈火や月などでできる影のようなものですから、何物にも阻まれるということもありません。

現実に生きている場合に、自分の身体が妨げとなって、奥深い宮殿に入ることができなくとも、なかにいる者に心を通じさせることができるではありませんか。同じ様に、銀の山、鉄の壁に阻まれても、それを貫き通すのが念力《ねんりき》―意志の力というものです。この不思議は、一般の人にはなかなか理解できないことでしょう。

勿論《もちろん》右《みぎ》の二道《にどう》もあるべし。しかりとて、一々《いちいち》にそれのみにてはあるへからす。まさしき事《こと》とも、世《よ》にある事也《ことなり》。人《ひと》の口《くち》にあるのみならず、道《みち》ある世《よ》に生《いき》て、道《みち》ある人《ひと》の筆《ふで》に残《のこ》してある事也《ことなり》。しるす人《ひと》の智恵《ちえ》に及《およ》ばすしては、うたかふと御心《おんこころ》得《え》有《ある》へし。

夢《ゆめ》に物《もの》を見《み》る時《とき》、父母《ふぼ》生《しょう》したる眼耳《めみみ》にてはきかされとも、ありありと人《ひと》にもあひ、物《もの》をもいひ、物《もの》のおとをもきゝ、物《もの》の色《いろ》を見《み》、または陰陽《いんよう》のましはりなど、つねにおもふ物《もの》と取《とり》くみ、志《こころざし》をとくるとおもへは夢《ゆめ》さめぬ。さめてこそ夢《ゆめ》とはしれ、夢《ゆめ》の内《うち》は是《これ》は夢《ゆめ》なり、誠《まこと》の事《こと》にてはなしなとゝは、いさゝかもおもはさるものなり。

此夢《このゆめ》はいまだ此身《このみ》いきて綱《つな》かゝりてあれは、ゆき度所《たきところ》へ行《ゆ》く事《こと》はならす。只念《ただねん》をもつて、境界《きようかい》を我方《わがほう》へ引《ひ》きよせて見《み》るなり。

実《じつ》に死《しに》たれは、己《おの》が身《み》をはなれたれは、行度所《ゆきたきところ》へゆく事《こと》、綱《つな》をはなれたる猫《ねこ》のことくなり。念《ねん》はまた夢《ゆめ》の内《うち》の念《ねん》と同《おな》しくして、行度所《ゆきたきところ》へ自由《じゆう》にゆくかことし。

ふかき闇《やみ》の中《なか》、戸障子《としようじ》を閉《しめ》たる中《なか》とても、自由《じゆう》に入《い》るものなり。形《かたち》なきゆゑなり。形《かたち》もあれとも、肉色《にくしき》ならねは、水《みず》かけ、灯《あかり》、月《つき》などに見《み》るかけのごとくなれは、物《もの》にさわる事《こと》なし。

此身《このみ》関《せき》となりて、深宮《しんきゆう》へはいられされとも、心《こころ》の通《かよ》ふことく、銀山鉄壁《ぎんざんてつぺき》をとほるは、念《ねん》にて候《そろ》。此不思議《このふしぎ》は、大《おお》かたにては合点参《がてんまいる》ましく候《そろ》。

知らずに疑う愚かさ

お釈迦《しゃか》様は、このことを明らかにされました。しかし一般の人々は、このことを知りません。知らないので疑うのです。愚かなうえにも愚かなことです。

自分の知らないことが、この世の中にどれほどたくさんあるでしょうか。知りもしないことだらけなのに、自分の知らないことは、みんなないことだといおうとします。百の事のうち六つか七つしか知らない者が、それ以外の事をいわれて、それは全部、ない事だといいます。すると、九十かそれ以上のことが、みな、ないことになってしまいます。

それが十五の事を知ると、先に、ないといったうちの、五つか六つが、あることになるのです。二十か三十知っている人の前では、ないことといったものも、七十に減ります。

百のうち、六十か七十知っても、残りの三十か四十は、矢張りないことになります。こういう人は、百の全部を知ると、もう自分は知らないことなどないと思ってしまうのですが、それは、あまりにも何も知らないからのことです。

一つずつでも、はっきりと明らかにして行けば、なにごとも知ることができます。知れば、ないことなどとは誰もいいますまいが、とにかく、知らないのでこうなります。

非常に愚かな人は、よく信ずるので、最後には知ることになるでしょう。かえって、生半可《なまはんか》な者が何時までも知ることができないようです。

仏祖是《ぶつそこれ》を明《あきら》めて、衆生是《しゅじょうこれ》をしらす、しらさるを以《もっ》てうたがふ、いよ〳〵愚《ぐ》の愚《ぐ》也《なり》。我《わ》がしらさる事《こと》、何《なに》ほどかあらんに、しらすして、みななき事《こと》といは丶、百《ひゃく》の事《こと》を六《む》つ七《なな》つしりて、その外《ほか》の事《こと》を人《ひと》いふに、みな丶しといは丶、九十《きゅうじゅう》みななき事《こと》になりぬ。

又《また》は十五《じゆうご》の事《こと》をしりたれは、なき事《こと》といひたる内《うち》、五《いつ》つ、六《む》つまたある事《こと》になりぬ。二十三十《にじゆうさんじゆう》しりたる人《ひと》の前《まえ》にては、なき事《こと》といひし物《もの》へりて、七十《しちじゆう》にも成《な》る。

百《ひやく》の事六七十《ことろくしちじゆう》しれは、あとの三十四十《さんじゆうしじゆう》は、まへの事《こと》にて、みなしるゝ時《とき》は、我《われ》しらぬ事《こと》を、なしとおもふは、しらぬからのおもひなり。

一《ひと》つつゝなりとも、あきらめもてゆかは、みなしらるべし。我《わ》がしりたらは、なき事《こと》とはたれもいふましけれとも、しらぬ故《ゆえ》なり。

中々《なかなか》にふかき愚痴《ぐち》の人《ひと》は、よく信《しん》するから、終《つい》にはしるべし。なま兵法大疵《びようほうおおきず》のもとゐか。

中有は五官を意識で感得する

中有《ちゅうう》には五根《ごこん》がないと聞いております。それは、中有は現在の世に生きている者の五根を、第六識《だいろくしき》、すなわち意識に移しているからです。五根の形はないのに、五根の能力は持っているのです。

この第六識は意識です。意識には形はありませんが、見たり聞いたりする能力はあるので、夢のなかで、肉眼や肉耳が見聞きしなくても、ほかのかたちで、見たり聞いたりするのです。そこからここまでといった形はないのに、どこからどこまで用をたすので、識というのです。

形がないから、わからないというなら、ただ、見るとか聞くとかいえばいい。見聞を識でみると、二段になります。そこで五根の形を捨てて、識がその能力を持っているのです。

ですから、中有に五根がないといっても、五官によって知れることは、現在の世に生きているのと変わりません。ただ、他の者からは見えないだけです。本人にしてみれば、今の生で知るのと同じです。形も、決してないのではないのですが、そうはいっても、あまりにかすかなので、見え難《にく》いのです。

鳥が空を飛んで行くのを見ていると、遠くに行く程、かすかになって、「あっあっ」と思ううちに、もう見失ってしまうものです。しかし、この鳥の形がなくなったのではありません。かすかになったから、見えないのです。

［註］五根＝眼、耳、鼻、舌、身の五つの感覚。

第六識＝六識とは、色《しき》、声《せい》、香《こう》、味《み》、触《しょく》、法《ほう》の六鏡《ろくきょう》を知覚する眼識《がんしき》、耳《じ》識《しき》、鼻識《びしき》、舌識《ぜつしき》、身識《しんしき》、意識《いしき》をいい、第六識は、六番目にあたる意識を指す。

中有《ちゆう》五根《ごこん》なしと承《うけたまわり》候《そろ》。今現在《いまげんざい》の五根《ごこん》を第六識《だいろくしき》にうつしてゆくなり。五根《ごこん》の形《かたち》なき所《ところ》に、五根《ごこん》の能徳《のうとく》あり。

此第六識《このだいろくしき》は意《い》なれば意《い》に形《かたち》はなけれども、見聞《けんぶん》の徳《とく》ある故《ゆえ》に、夢中《むちゆう》が肉眼肉耳《にくがんにくじ》にあつからずして、外《ほか》に形《かたち》出来《しゆつらい》して、見聞《けんぶん》する也《なり》。そこ〳〵の形《かたち》なくして、そこその用《よう》をなすによりて、識《しき》といふなり。

形《かたち》なければ、しられざるものならば、只見《ただけん》といひ、聞《ぶん》とばかりいふべし。すでに見聞《けんぶん》を識《しき》にうつして、二段《にだん》になる故《ゆえ》に、五根《ごこん》の形《かたち》はすてゝ、その徳用《とくよう》を、識《しき》がもつてゐるなり。

去程《さるほど》に中有《ちゆう》に五根《ごこん》なくしても、五事《ごじ》をわきまふる事《こと》、今此現有《こんしげんう》とかはる事《こと》なし。わきから見《みえ》ぬばかりなり。その身《み》からは、現在《げんざい》のごとし。またかたちもなきにあらずといへども、幽微《ゆうび》なれば、見《み》かたし。

鳥《とり》が虚空《こくう》をとひゆくに、遠《とお》くへなる程《ほど》、かすかにして、やれ〳〵とおもふ中《うち》に、はや形《かたち》は見《み》うしなふものなれども、此鳥《このとり》の形《かたち》きえて、なくなるにはあらず。幽《かす》かなる故《ゆえ》に、見《み》えざるなり。

この身は無始の一念より生まれた

薄くて、はっきり見えぬ形なので、人間には中有《ちゅう》が見えません。死んだ人の方は、今まで何時も生きていた時のように、生きている人を見るのですが、人はこれを気づきません。

罪の深い中有は、形が現われるものです。人は、これを何時の間にか見て、幽霊などといいます。よくあることです。思う心が強いと、形もはっきりします。

これは、薬など、さまざまな物を煎じて煮出した汁のようなものです。薄いものは汁も薄いのです。濃いものは汁も濃く、これは何かを煮出した汁だなと、はっきりわかります。全く薄いものの汁は、まるで水みたいなものです。水とそっくりなので、煮出した汁なのに、人はこれに気づかず、ただの水だと思うのです。

中有でも、思う心が強ければ、形をあらわすのです。薄いものは、ただの空気のようですから、人には見えません。人は見ないけれど、むこうはこっちを見ています。

こちらは形があるので見られ、中有は形がかすかなので、こちらからは見えないのです。名義集《めいぎしゅう》のなかでは、麦粒にたとえてこんなことをいっております。

「麦の一粒は、芽生え、生長して、元の麦粒になれる能力を備えている。けれども、これが、水や土と和合しなければ、麦とはならないのである。」

先にも述べたように、人間の識と、生まれ、生長していく能力とが結びついて、さまざまな意志が生まれます。意志から、またさらに多くの意志が生まれ、その意志の力にひかれて、現在の姿に生まれてきたのです。決して天から何かが降って湧いたというような、思いがけないものではありません。

始まりのない意志の強い力によって始まり、いろいろな形をとるのです。その根元を深く探ってゆくと、始まりのない意志があり、それはまた何の根拠もないことがかります。何の根拠もなく、あらゆる物が、生まれてくること、これを妙《みょう》ともいうのです。

うすくして、さだかに見《み》えざる形《かたち》なれば、中有《ちゅうう》をば人《ひと》は見《み》ず。かれはいつもいきて居《おり》たる時《とき》のごとく、人《ひと》を見《み》れども、人是《ひとこれ》をしらず。罪障《ざいしょう》ふかき中有《ちゅうう》は、形《かたち》あらはる丶なり。人自然《ひとしぜん》にこれを見《み》て、幽霊《ゆうれい》など丶いふ。又《また》なき事《こと》にあらず。熱心《ねっしん》ふかければ、形《かたち》あつし。たとへば薬《くすり》など、よろづの物《もの》をせんじ出《いだ》せる汁《しる》のごとし。あさきものは、その汁《しる》あさし。あつきものは、その汁《しる》こくして、物《もの》の汁《しる》と、さだかにしる。至《いた》つてあさきもの丶汁《しる》は、水《みず》にひとし。水《みず》とひとしければ、物《もの》の汁《しる》なりとも、人《ひと》しらず。只水《ただみず》とみて置也《おくなり》。

中有《ちゅうう》と熱心《ねっしん》ふかければ、形《かたち》をあらはす。あさきものは、こくうとおなじければ、人是《ひとこれ》を見《み》ず。人《ひと》はこれを見《み》ざれども、かれは是《これ》を見《み》る。我《われ》は形《かたち》ある故《ゆえ》に見《み》らる。かれは形幽《かたちかすか》なる故《ゆえ》に、我《われ》から是《これ》を見《み》る事《こと》あたはず。名《めい》義集《ぎしゅう》に、麦粒《むぎつぶ》をもつてたとへ候《そろ》。麦一《むぎひと》つには、はへ出《い》で、本《もと》の麦粒《むぎつぶ》と可《なるべき》レ成徳用《とくよう》はそなへたれども、水土《みずつち》と和合《わごう》せざれば、麦《むぎ》とはならぬなり。

人《ひと》の識《しき》と同前《どうぜん》の境《きょう》と和合《わごう》して、様々《さまざま》の念《ねん》を生《しょう》して、念《ねん》より念々《ねんねん》を生《しょう》して、此念《このねん》にひかれて、此《こ》のかたち身《み》をうけて出《いで》たり。只天《ただてん》から物《もの》のふりたるといふ様《よう》に、不慮《ふりよ》なるものにあらず。

無始《むし》の一念《いちねん》によりて、始《はじ》まりて、かくさまぐの事《こと》もあるなり。その源《みなもと》をよくたづねもてゆけば、無始《むし》の一念《いちねん》にして、根《ね》もなきものなり。根《ね》なくして、千般万《せんぱんばん》般《ぱん》の物出生《ものしゆつしょう》する、是《これ》を妙《みょう》ともいへり。

太阿記

兵法者は勝負を争わず

蓋《けだ》し兵法者《へいほうしゃ》は勝負《しょうぶ》を争《あらそ》わず、強弱《きょうじゃく》に拘《かか》わらず、一歩《いっぽ》を出《い》でず、一歩《いっぽ》を退《しりぞ》かず。敵《てき》、我《われ》を見《み》ず、我《われ》、敵《てき》を見《み》ず。天地未分《てんちみぶん》、陰陽到《いんよういた》らざる処《ところ》に徹《てっ》して、直《ただ》ちに功《こう》を得《う》べし。

蓋《けだ》しとは、知らないけれどもという意味です。元来、この字はフタと読む字です。重箱《じゅうばこ》にふたをしておけば、なかに何を入れたかわかりませんが、想像して十のうち六か七くらいはあたるものです。つまり、本当のところはよくわからないけれども、まあこんなことではありませんかという時に、この字を使うのです。

ここでも、実際のところは知らないのだが、こうであろうと、決定的ではない言い方をしているのです。しかし、もし、よく知っていることをいう場合でも一歩退いて、へりくだった形でこの言葉を使い、とくとくとした言い方をしないのが、文章の作法というものであります。

兵法者とは、字の表す通りです。

勝負を争わず、強弱に拘わらずとは、勝ち負けを競うことなく、働きの強い弱いにかかわらずということです。

一歩を出《い》でず、一歩を退《しりぞ》かずとは、一歩も踏み出さず、一歩も退かずに、坐っていながら、相手に勝つということです。

蓋兵法者。不レ争二勝負一。不レ拘二強弱一。不レ出二一歩一。不レ退二一歩一。敵不レ見レ我。我不レ見レ敵。徹二天地未分陰陽不到処一直須レ得レ功。

蓋《けだし》とは知《し》らねどもと云《い》ふ義《ぎ》なり。全体此《ぜんたいこ》の字《じ》はふたと訓《よ》む字《じ》なり。譬《たと》へは重箱《じゅうばこ》に蓋《ふた》を着《き》せて置《お》けば、中《なか》には何《なに》を入《い》れたるやら知《し》らねども、推量《すいりょう》すれば十《とう》が六七《ろくしち》は当《あた》るものなり。

こゝも其《そ》の如《ごと》く知《し》らねども、斯《か》くあらむと落《お》ち着《つ》けずに云《い》ふなり。仮令《たとえ》しかと知《し》りたることにても、卑下《ひげ》して心得《こころえ》だてに云《い》はぬが是《こ》れ文《ぶん》の作法《さほう》なり。

兵法者《へいほうしや》とは、字面《じづら》の如《ごと》し。

不レ争二勝負一《しようぶをあらそわず》。不レ拘二強弱一《きようじやくにかかわらず》とは、勝《か》ち負《ま》けをも争《あらそ》はず、強《つよ》き弱《よわ》きの働《はたら》きにも拘《かかわ》らずとなり。

不レ出二一歩一《いつぽをいでず》。不レ退二一歩一《いつぽをしりぞかず》とは、一足《ひとあし》も踏《ふ》み出《いだ》さず、一足《ひとあし》も退《しりぞ》かず、坐《すわり》ながら勝《か》ちを制《せい》することなり。

真我の我

敵《てき》、我《われ》を見ずという時の我とは、真我《しんが》の我《われ》であって、人我《にんが》の我《われ》、つまり一般の人の持っている我ではないのです。人我《にんが》の我《われ》は、人からすっかり見通されてしまいますが、真我《しんが》の我《われ》を見通すことのできる人は、めったにいるものではありません。それで、敵は我《われ》を見ることができないのです。

我、敵を見ずというのは、我《われ》は人我《にんが》の我《が》による物の見方をしないので、敵が用いようとしている、人我による兵法を見ようとはしないということです。

敵を見ずといったからといって、目の前の敵の姿を見ないのではありません。敵の姿を見ながら、その兵法を見ようとしない、そこに妙味があるのです。

それでは真我《しんが》の我《われ》とは何でしょう。これは天と地が未だ分かれる前、父母が生まれるもっと前から存在する我のことです。

この我は、この私にもあれば、鳥、けもの、草や木など、すべてのものにある我なのです。いわゆる仏性というものをいっているのです。

ですから、この我には、影もなければ形もありません。生も死も超越したところにある我なのです。今日、我々の眼で見ることのできる我ではありませんから、普通には見えないのです。

ただ、仏の道を極めつくした人だけが、見ることができるのです。この、我を見ることのできた人を見性成仏《けんしょうじょうぶつ》の人といいます。

昔、お釈迦様が雪山《せつざん》にお入りになり、六年の苦しい修行の後に仏となられました。これは真我《しんが》を悟られたということなのです。そこいらの普通の人間たちが、信仰の力を持たず、三年や五年で知り得るようなものではありません。

仏の道を学び励む人が、十年も二十年もの間、少しも怠らず、大いなる信仰の力をわきたたせ、教えを学んで、苦しみも辛さもいとわずに、それこそ子供をなくした親のような必死さで、志を保ち続け、深く深く思い、追究に追究を重ねて、とうとう仏《ぶっ》見《けん》も法見《ほうけん》もきわめ尽したという所まで到達したあげくに、やっと、自然にこれが見えるようになるのです。

天も地も混沌として、未だ分かれていなかった、天地開闢《てんちかいびやく》の初め、陰も陽も、未だできる以前のところを、知識によって理解しようとせず、ただまっすぐに見ることです。そうすれば、大功《たいこう》をあげる時がきっとくるはずです。


［註］見性成仏＝自己に執着したり、また外の物に執着する心を掘り下げて、自己の本性とは何もないことだというところまで、自己の心を見極め尽した時に、その身はそのまま仏になる、つまり悟りを得る。


敵《てき》不レ見レ《われをみず》我とは、我《われ》は真我《しんが》の我《われ》なり。人我《にんが》の我《われ》にあらず、人我《にんが》の我《われ》は、人能《ひとよ》く之《これ》を見《み》れども、真我《しんが》の我《われ》は人之《ひとこれ》を見《み》ること稀《まれ》なり、故《ゆえ》に敵《てき》不レ見レ我《われをみず》と云《い》ふ。

我《われ》不レ見レ《てきをみず》敵とは、我《われ》に人我《にんが》の我見《がけん》なき故《ゆえ》に、敵《てき》の人我《にんが》の兵法《へいほう》を見《み》ざるなり。

不レ見レ《てきをみず》敵と云《い》へばとて、目前《もくぜん》の敵《てき》を見《み》ぬに非《あら》ず。見《み》て見《み》ぬ所是《ところこ》れ妙《みょう》なり。

さて真我《しんが》の我《われ》とは、天地未分已前《てんちみぶんいぜん》。父母未生已前《ふぼみしょういぜん》の我《われ》なり。此《こ》の我《われ》は、我《われ》にも鳥獣畜類草木一切《ちょうじゅうちくるいそうもくいっさい》の物《もの》にある我《われ》なり、即《すなわ》ち仏性《ぶっしょう》と云《い》ふもの是《こ》れなり。故《ゆえ》に此《こ》の我《われ》は、影《かげ》もなく、形《かたち》もなく、生《せい》もなく、死《し》もなき我《われ》なり。今日《こんにち》の肉眼《にくがん》を以《もっ》て見《み》る我《われ》にあらず。

唯悟《たださと》り得《え》たる人《ひと》のみ能《よ》く之《これ》を見《み》るなり。其《そ》の見《み》たる人《ひと》を見性成仏《けんしょうじょうぶつ》の人《ひと》と云《い》ふ。昔《むかし》世尊《せそん》雪山《せつざん》に入《い》り給《たま》ひて、六年《ろくねん》の艱苦《かんく》を経《へ》て悟《さと》り給《たま》ふ。是《こ》れ真我《しんが》の開悟《かいご》なり。

常《つね》の凡夫信力《ぼんぷしんりき》なくして、三年五年《さんねんごねん》に知《し》ることに非《あら》ず。学道《がくどう》の人《ひと》、十年二十年《じゅうねんにじゅうねん》、十二時中《じゅうにじちゅう》、そつとも怠《おこた》らず、大信力《だいしんりき》を興《おこ》し、知識《ちしき》に参《さん》して、辛労苦労《しんろうくろう》を顧《かえり》みず、子《こ》を失《うしな》ひたる親《おや》の如《ごと》く、立《た》てたる志《こころざし》少《すこ》しも退《しりぞ》かず、深《ふか》く思《おも》ひ、切《せつ》に尋《たず》ねて、終《つい》に仏見法見《ぶっけんほうけん》も尽《つ》き果《は》てたる所《ところ》に到《いた》りて、自然《しぜん》に之《これ》を見《み》ることを得《う》るなり。

徹二天地未分陰陽不到処一直須レ得レ功《てんちみぶんいんよういたらざるところにてつしてただちにこうをうべし》とは、天《てん》も地《ち》も未《いま》た分《わか》れず、陰《いん》も陽《よう》も未《いま》た到《いた》らざる已前《いぜん》の処《ところ》に眼《め》を着《つ》けて、知見解会《ちけんかいえ》をなさず、能《よ》くまつすぐに見《み》よ。然《しか》らば大功《たいこう》を得《う》る時節《じせつ》あらんとなり。

兵法に通達した人は

夫《そ》れ通達《つうたつ》の人《ひと》は、刀《かたな》を用《もち》いて人《ひと》を殺《ころ》さず、刀《かたな》を用《もち》いて人《ひと》を活《い》かす。殺《ころ》すを要《よう》さば即《すなわ》ち殺《ころ》し、活《い》かすを要《よう》さば即《すなわ》ち活《い》かす。殺殺三昧《せつせつざんまい》、活々三昧也《かつかつざんまいなり》。是非《ぜひ》を見《み》ずして能《よ》く是非《ぜひ》を見《み》、分別《ふんべつ》を作《な》さずして能《よ》く分別《ふんべつ》を作《な》す。水《みず》を踏《ふ》むに地《ち》の如《ごと》く、地《ち》を踏《ふ》む水《みず》の如《ごと》し。若《も》し此《こ》の自由《じゆう》を得《うれ》ば、尽《ことごと》く大地人《だいちじん》、他《た》に奈何《いかん》ともせず。悉《ことごと》く同侶《どうりよ》を絶《ぜつ》す。

通達《つうたつ》の人はという時、ここでは兵法に通じた人、達人を意味しています。

刀を用いて人を殺さずとは、刀を使って人を殺しはしないのですけれども、誰でも、達人の体得している道理を前にしては、自然に身も心もすくんでしまって、死人のようになってしまうので、人を殺さねばならないことなどないのであります。

刀を用いて人を活かすとは、刀を使って人をあしらいながら、敵の動くままにさせて、それを眺めるのも、思いのままにできるというのです。

殺《ころ》すを要《よう》さば即《すなわ》ち殺《ころ》し、活《い》かすを要《よう》さば即《すなわ》ち活《い》かす。殺々三昧《せつせつざんまい》、活々三昧也《かつかつざんまいなり》というのは、活かそうとも、殺そうとも、すべて思い通り、自由自在にできるということです。

是非《ぜひ》を見《み》ずして能《よ》く是非《ぜひ》を見《み》、分別《ふんべつ》を作《な》さずして能《よ》く分別《ふんべつ》を作《な》すとは、兵法の上で是か非かを見ないで、よく是非を見る、分別せずに、よく分別するということです。

たとえていえば、ここに一枚の鏡を置いたとします。すると、その前に置いた物は、どんな物でも、それぞれの形が映り、鏡を見れば、それぞれに見えます。しかし鏡には心はありませんから、物の形はそれぞれ映しているものの、別に、これは丸い物だから丸くとか、四角いから四角に映そうと考え分けているわけではないということです。

兵法を使う人も、一心に立ち向かえば、別に、これはいいとか悪いとかを考え分けようなどという気持は起こりもしませんが、迷いがないために、よしあしを見ることもなく、考えることもないのに、よくわかるのです。

水《みず》を踏《ふ》むに地《ち》の如《ごと》く、地《ち》を踏《ふ》む水《みず》の如《ごと》しという意味は、人間というものの本性を明確に知った人でなければわかりますまい。

愚かな者は、水の上を歩いて地の上を歩くようだとすれば、土地の上を歩いていても落ちてしまうでありましょう。地を歩くのに水の上のようなら、水を踏んでも歩いて行けると思うかもしれません。ですから、このことは、地であるとか、水であるとか、そんなことをすっかり忘れることのできた人だけが、はじめてこの道理を自分のものにすることができるのです。

若《も》し此《こ》の自由《じゆう》を得《うれ》ば、尽《ことごと》く大地人《だいちじん》、他《た》に如何《いかん》ともせずというのは、このように自由自在に振舞うことのできる所に到達した兵法者に対しては、総ての人々が集まって、何とかしようとしても、どうしようもあるまいということです。

悉《ことごと》く同侶《どうりょ》を絶《ぜつ》すとは、世界に並ぶ者はないということで、いわゆる天上天下《てんじょうてんが》、唯我《ゆいが》独尊《どくそん》ということであります。

夫通達人者。不二用レ刀殺一レ人。用レ刀活レ人。要レ殺即殺。要レ活即活。殺殺三昧。活々三昧也。不レ見二是非一而能見二是非一。不レ作二分別一而能作二分別一。踏レ水如レ地踏レ地如レ水。若得二此自由一。尽大地人不レ奈二何他一。悉絶二同侶一。

通達人者《つうたつのひとは》とは、兵法通達《へいほうつうたつ》の人《ひと》を云《い》ふ。

不二用レ刀殺一レ人《かたなをもちいてひとをころさず》とは、刀《かたな》を用《もち》いて人《ひと》を斬《き》ることをせねども、人皆此理《ひとみなこのことわり》に逢《あ》ひては、おのれとすくみて、死漢《しかん》となるが故《ゆえ》に、人《ひと》を殺《ころ》すの必要《ひつよう》なきなり。用レ刀活レ人《かたなをもちいてひとをいかす》とは、刀《かたな》を用《もち》ひて人《ひと》をあひしらひつゝ、敵《てき》の働《はたら》くに任《まか》せて見物《けんぶつ》せんと己《おの》が儘《まま》なり。

要レ殺即殺《ころすをようさばすなわちころし》。要レ活即活《いかすをようさばすなわちいかす》。殺殺三昧《せつせつざんまい》。活々三昧也《かつかつざんまいなり》とは、活《いか》さうとも、殺《ころ》さうとも、自由三昧《じゆうざんまい》なりとなり。

不レ見二是非一《ぜひをみずして》而能見二是非一《よくぜひをみ》。不レ作二分別一《ふんべつをなさずして》而能作二分別一《よくふんべつをなす》とは、兵法《へいほう》の上《うえ》に是非《ぜひ》を見《み》ずして能見二是非一《よくぜひをみ》。分別《ふんべつ》を作《な》さずして能作二分別一《よくふんべつをなす》となり。

譬《たと》へば一面《いちめん》の鏡《かがみ》を開《ひら》き置《お》けば、何物《なにもの》にても前《まえ》に在《あ》る物《もの》は、それ〴〵の形《かたち》うつりて、それ〳〵に見《み》ゆるなり。然《しか》れども其《そ》の鏡《かがみ》は無心《むしん》なる故《ゆえ》に、それ〳〵の形《かたち》は、きつかとうつせども、それは是《こ》れ、是《こ》れはそれと、分別《ふんべつ》する心《こころ》はなきなり。

兵法《へいほう》を使《つか》ふ人《ひと》も、一心《いっしん》の鏡開《かがみひら》くときは、是非分別《ぜひふんべつ》の心《こころ》なけれども、心《こころ》の鏡明《かがみあきら》かなるによりて、是非分別《ぜひふんべつ》は見《み》えずして、能《よ》く見《み》ゆるなり。

踏レ水如レ地踏レ地如レ水《みずをふむにちのごとくちをふむみずのごとし》とは、此《こ》の意《い》は、人人《ひとびと》の本源《ほんげん》を悟《さと》りたる人《ひと》ならでは、知《し》るべからず。

愚者《ぐしゃ》は踏レ水如レ地《みずをふむにちのごとく》ならば、地《ち》を行《ゆ》きても陥《おちい》らむ。踏レ地如レ水《ちをふむみずのごとく》ならば、水《みず》を踏《ふ》みても歩《ある》かれんと思《おも》はむ。されば、此《こ》の事《こと》は、地水《ちすい》ともに忘《わす》れたる人《ひと》にして、始《はじ》めて此《こ》の道理《どうり》に到《いた》るべし。

若得二此自由一尽大地人不レ奈二何他一《もしこのじゆうをうればことごとくだいちじんたにいかんともせず》とは、斯《か》く自由《じゆう》を得《え》たる兵法家《へいほうか》は尽《ことごと》くの大《だい》地《ち》の人《ひと》が寄《よ》りて謀《はか》るとも、何《なん》とも為《な》すやう有《あ》るまじとなり。

悉絶二同侶一《ことごとくどうりよをぜつす》とは、世界《せかい》に並《なら》ぶものなしと云《い》ふ事《こと》にて、謂《いわ》ゆる天上天下唯我《てんじょうてんがゆいが》独尊《どくそん》なり。

最高の地点に到達するためには

這箇《しゃこ》を得《え》んと欲《ほっ》すれば、行住坐臥《ぎょうじゅうざが》、語裡黙裡《ごりもくり》、茶裡飯裡《さりはんり》、工夫《くふう》を怠《おこた》らず、急《きゅう》に眼《め》を着《つ》けて、窮《きわ》め去《さ》り窮《きわ》め来《きた》れば直《ただ》ちに見《み》るべし。

月積《つきつ》み、年久《としひさ》しゅうして、自然暗裡《しぜんあんり》に燈《ともしび》を得《う》るが如《ごと》きに相似《あいに》たり。無師《むし》の智《ち》を得《え》、無作《むさ》の妙用《みょうゆう》を発《はっ》す、正《まさ》に与《とも》に麼《そ》の時《とき》、只《ただ》、尋常之中《じんじょうのうち》を出《い》でず、而《しこ》うして尋常之外《じんじょうのそと》に超《ちょう》出《しゅつ》す。之《これ》を名《な》づけて、太阿《たいあ》という。

這箇《しゃこ》を得《え》んと欲《ほっ》すれば、這箇とは、この、これらのという意味で、先に述べたことを指します。先に述べたように自由自在に振舞える所に到達したいと思うならばということです。

行住坐臥《ぎょうじゅうざが》とは、行くこと、住まうこと、坐ること、床に臥せることの四つを指し、四威儀《しいいぎ》といいます。人間が暮していく上での、日常の動作であります。

語裡黙裡《ごりもくり》とは、言葉を語っているうちも、何もいわずにいるうちにもということです。

茶裡飯裡《さりはんり》は茶を飲むうちも、飯を食ううちもとなります。

工夫《くふう》を怠《おこた》らず、急《きゅう》に眼《め》を着《つ》けて、窮《きわ》め去《さ》り窮《きわ》め来《き》たれば直《ただ》ちに見《み》るべしとは、油断して工夫を怠るというようなことをせず、常に自分自身にたちかえり、厳しく見つめて、その理を追究しつつ、ただまっすぐに、よいものはよしとし、悪いものは悪しとして、それぞれの上に、この理を見よということです。

欲レ得二這箇一麼。行住坐臥。語裡黙裡。茶裡飯裡。工夫不レ怠。急着レ眼窮去窮来。直須レ見。月積年久而如二自然暗裡得一レ燈相似。得二無師智一発二無作妙用一。正与麼時。只不レ出二尋常之中一。而超二出尋常之外一。名レ之曰二太阿一。

欲レ得二這箇一《しゃこをえんとほっすれば》麼とは、這箇《しゃこ》は右《みぎ》を指《さ》す言葉《ことば》にて、右件《うけん》の旨《むね》を得《え》んと思《おも》ふならばと云《い》ふ義《ぎ》なり。

行住坐臥《ぎょうじゅうざが》とは、行《ゆ》くと住《すめ》ると坐《すわ》ると臥《ふ》すとの四つにて、之《これ》を四威儀《しいいぎ》と云《い》ふ。人々《ひとびと》の上《うえ》に皆《みな》ある事《こと》なり。

語裡黙裡《ごりもくり》とは、物語《ものがたり》のうちも、無言《むごん》のうちとも、と云《い》ふ事《こと》。

茶裡飯裡《さりはんり》とは、茶《ちや》を飲《の》むうちも、飯《めし》を食《く》ふうちもとなり。

工夫不レ怠急着レ眼窮去窮来《くふうをおこたらずきゅうにめをつけてきわめさりきわめきたれば》。直須レ見《ただちにみるべし》とは、工夫《くふう》を油断《ゆだん》して怠《おこたる》ことなく、恒《つね》に自己《じこ》に立返《たちかえ》り、急《きゅう》に眼《め》を着《つ》けて其《そ》の理《ことわり》を窮《きわ》めつゝ、只《ただ》まつすぐに、是《ぜ》は是《ぜ》、非《ひ》は非《ひ》にして、それぞれの上《うえ》に此《こ》の理《ことわり》を看《み》よとなり。

太阿という名の剣

月積《つきつ》み、年久《としひさ》しゅうして、自然暗裡《しぜんあんり》に燈《ともしび》を得《う》るが如《ごと》きに相似《あいに》たり、というのは、このようにして工夫を重ねながら、年月が経っていって、まるで闇夜に突然、燈火に出会うように、先のすばらしい理を自ずから自分のものにできたならば、ということです。

無師《むし》の智《ち》を得《う》る、とは、師匠も伝えてくれない、根本の智を得るということ。

無作《むさ》の妙用《みょうゆう》を発《はっ》す、とは、およそ愚かな一般人のやることは、総て意識して行なうために煩悩が起こって苦しむのですが、この無作《むさ》の働きは、作為《さくい》なく自然に出るもので、根本智《こんぽんち》から行なわれるために、極く極く自然で安らぎあるものです。それで、妙《みょう》用《ゆう》というのです。

正《まさ》に与《とも》に麼《そ》の時《とき》とは、正にこのような時にいう言葉です。つまり無師《むし》の智《ちえ》を得、無《む》作《さ》の妙用《みょうゆう》を発するその時をいうのです。

只《ただ》、尋常之中《じんじょうのうち》を出《い》でず、而《しこ》うして尋常之外《じんじょうのそと》に超出《ちょうしゅつ》すとは、こういうことです。そもそもこの無作《むさ》の妙用《みょうゆう》とは、別に特別な所で働きだすものではありません。ただ、普段やっている総ての動作、振舞いから働きに至るまでが、どれもこれも、作為のないものになりきってしまうことです。ですから、普通のあたりまえの振舞いや働きを離れて、違ったことをするのではないのです。

とはいいながら、ただの愚かな人間が普段行なっている動作、振舞いとは、やはり全く違います。同じように見えることがあっても、中身が違うということです。

之《これ》を名《な》づけて太阿《たいあ》という。太阿とは、天下に比べるものもない名剣の名です。この名剣は、金や鉄のような剛さのものから、玉や石のような堅さのものまで、自由に切ることができ、この刃を阻む物はこの世にないのです。

この太阿の名剣の刃が、何一つ切れないものはないと同じように、先に述べた無作《むさ》の妙用《みょうゆう》を自分のものにした人に対しては、三軍の元師であろうが、とてもかないっこないのです。それでこの妙用の力を太阿の剣と名づけるのです。

月積年久而如二自然暗裡得一レ燈相似《つきつみとしひさしゅうしてしぜんあんりにともしびをうるがごときにあいにたり》とは、斯《か》くの如《ごと》く工夫《くふう》を能《よ》くしつゝ、月《つき》を積《つ》み年《とし》を累《かさ》ねて進《すす》み行《ゆ》くほどに、彼《か》の妙理《みょうり》を自得《じとく》すること、恰《あたか》も闇《やみ》の夜《よ》に忽《たちま》ち燈《ともしび》の光《ひかり》に逢《あ》ふが如《ごと》くに相似《あいに》たらばとなり。

得二無師智一《むしのちをうる》とは、師匠《ししょう》も伝《つた》へぬ根本智《こんぽんち》を得《え》ること。

発二無作妙用一《むさのみょうゆうをはっす》とは、凡夫《ぼんぷ》の所作《しょさ》は一切意識《いっさいいしき》より出《いづ》るが故《ゆえ》に、総《す》べて有作《うさ》の働《はたらき》にて苦《くる》しむ事《こと》のみなるを、此《こ》の無作《むさ》の働《はたらき》は、根本智《こんぽんち》より発《はっ》するが故《ゆえ》に、只々自然《ただただしぜん》にして安楽《あんらく》なり。是《こ》の故《ゆえ》に妙用《みょうゆう》とは云《い》ふなり。

正与麼時《まさにともにそのとき》とは、正《まさ》に個様《かよう》の時《とき》に云《い》ふことにて、即《すなわ》ち得二無師智一《むしのちをえ》発二無作妙用一其《むさのみょうゆうをはつするぞ》の時《とき》なり。

只不レ出二尋常之中一《ただじんじょうのうちをいでず》。而超二出尋常之外一《しこうしてじんじょうのそとにちょうしゅつす》とは、そも此《こ》の無作《むさ》の妙用《みょうゆう》は、別段《べつだん》なる処《ところ》に発《はっ》するに非《あら》ず。只々平生一切《ただただへいぜいいっさい》の仕業《しわざ》が、総《すべ》て無作《むさ》になり切《き》るが故《ゆえ》に、決《けつ》して尋常一様《じんじょういちよう》の中《うち》を出《いで》て離《はな》る、に非《あら》ず。さればとて、平々《へいへい》の凡夫《ぼんぷ》が、尋常一《じんじょういち》様《よう》の有作《うさ》の働《はたらき》とは、全《まった》く切《き》れ替《かわ》りたるものなるが故《ゆえ》に、不レ出二尋常之中一而超二《じんじょうのうちをいでずしてしこうしてじん》出尋常之外一《じょうのそとにちょうしつす》なり。

名レ之曰二太阿一《これをなづけてたいあという》とは、太阿《たいあ》は天下《てんか》に比類《ひるい》なき名剣《めいけん》の名《な》なり。是《こ》の名剣《めいけん》は、金鉄《きんてつ》の剛《かた》きより、玉石《ぎょくせき》の堅《かた》きまで、自由に斫《き》れて天下《てんか》に刃障《にんじょう》になる物《もの》なし。

彼《か》の無作《むさ》の妙用《みょうゆう》を得《え》たる者《もの》は、三軍《さんぐん》の元帥《げんすい》も、百万《ひゃくまん》の強敵《きょうてき》も、是《こ》れが手《て》に対《こた》ふるもの無《な》きこと、猶《なお》彼《か》の名剣《めいけん》の刃《やいば》に障《さわ》るものなきと一般《いっぱん》なるが故《ゆえ》に、此《こ》の妙用《みょうゆう》の力《ちから》を太阿《たいあ》の剣《つるぎ》とは名《な》づくるなり。

太阿の名剣は誰にでもある

此《こ》の太阿《たいあ》の利剣《りけん》は、人々《ひとびと》に具足《ぐそく》し、箇々《ここ》に円成《えんじょう》す。之《これ》を明《あき》らむる者《もの》、天魔《てんま》も之《これ》を怕《おそ》れ、之《これ》に昧《くら》き者《もの》、外道《げどう》も之《これ》を欺《あざむ》く。

或《あるい》は上手《じょうず》、上手《じょうず》と与《とも》に鋒鋩《ほうぼう》を相交《あいまじ》え、勝負《しょうぶ》を決《けっ》せざるは、世尊拈華《せそんねんげ》、迦葉微笑《かしょうみしょう》、又《また》、一《いち》を挙《あ》げて三《さん》を明《あき》らかにする如《ごと》し。目機銖両《もっきしゅりょう》、是《こ》れ尋常之霊利也《じんじょうのれいりなり》。若《も》し夫《そ》れ、此《こ》の事《こと》を了畢《りょうひつ》する人《ひと》、一《いち》を未《いま》だ挙《あ》げず、三《さん》を未《いま》だ明《あき》らかにせざる以前《いぜん》に於《おい》て、早《はや》、截《た》って三段《さんだん》を作《な》す。況《いわ》んや顔々相対《がんがんあいたい》するにをや。

此《こ》の太阿《たいあ》の利剣《りけん》は、人々《ひとびと》に具足《ぐそく》し、箇々《ここ》に円成《えんじょう》すとは、この世の中で、切れないものはないという太阿の名剣は、他の人の手許《てもと》にあるというものではありません。人間は誰でも、ちゃんと持っていて、それは、どれも欠けることなく、そっくりあるのだということであります。

太阿の名剣とは、つまり心のことを指しているのです。この心は、人間が生まれ、生きているからあるとか、死ねば消滅してしまうというものではありません。だから本性というのです。

この心は、どんなに天が広いからといって、覆いかくせるものではなく、地の上に載せきることもできないものです。火で焼こうとして焼けず、水浸しにしても濡らすことができず、風が吹きつけたからといって、吹き抜けることもできないものです。ですから世の中に、この心を阻むことのできるものはないのです。

此太阿利剣。人々具足。箇々円成。明レ之者。天魔怕レ之。昧レ之者。外道欺レ之。或上手与二上手一。鋒鋩相交。不レ決二勝負一者。世尊拈華。迦葉微笑。如又挙一明三。目機銖両。是尋常之霊利也。若夫此事了畢人。於二一未レ挙三未レ明以前一。早截作二三段一。況顔々相対乎。

此太阿利剣《このたいあのりけん》。人々具足《ひとびとにぐそくし》。箇々円成《ここにえんじようす》とは、天下《てんか》に刃障《にんじよう》になる程《ほど》の物《もの》なしと云《い》ふ。太阿《たいあ》の名剣《めいけん》は、他人《たにん》の許《もと》に在《あ》るに非《あら》ず。人々孰《ひとびといず》れにも具足《ぐそく》し、箇々少《ここすこ》しも欠目《かけめ》なく、円満《えんまん》に成就《じようじゆ》してあるぞとなり。

是《こ》れ即《すなわ》ち心《こころ》の事《こと》なり。是《こ》の心《こころ》は、生《せい》の時《とき》に生《しよう》ずるに非《あら》ず。死《し》の時《とき》に死《し》するに非《あら》ざるが故《ゆえ》に本来《ほんらい》の面目《めんもく》と云《い》ふ。

天《てん》も之《これ》を覆《おお》ふこと能《あた》はず、地《ち》も之《これ》を載《の》すること能《あた》はず、火《ひ》も之《これ》を焼《や》くこと能《あた》はず、水《みず》も之《これ》を湿《しめ》すこと能《あた》はず、風《かぜ》も之《これ》を透《とお》すこと能《あた》はざるが故《ゆえ》に、天下《てんか》に此《こ》の刃《にん》障《じよう》になる物《もの》はなきなり。

世尊拈華、迦葉微笑

之《これ》を明《あき》らむる者《もの》、天魔《てんま》も之《これ》を怕《おそ》れ、之《これ》に昧《くら》き者《もの》、外道《げどう》も之《これ》を欺《あざむ》く、この本性を明らかに知って自分のものにした者は、宇宙のなかの総てがよく見え、その眼を遮り、覆いかくすものもありません。そのために、天の魔神は神通力をふるおうとしても、かえって自分のおなかの底まで見すかされてしまうので、この人を恐がり、敬遠して、寄りつくこともできないのです。

それと反対に、この本性に眼が開かず、迷っている者は、さまざまな妄想をいっぱい持っているので、その妄念妄想につけいって、邪説に従う者が簡単にだまくらかすことができるのです。

或《あるい》は上手《じょうず》、上手《じょうず》と与《とも》に鋒鋩《ほうぼう》を相交《あいまじ》え、勝負《しょうぶ》を決《けっ》せざる、もし、お互いに本性を知って自分のものにした者同士が出会って、双方太阿の剣を抜き放ち、鋒《ほう》と鋩《ぼう》をかわして切り合った時には、勝負を決することができません。その時はどうなるのかと申しますと、それは釈迦《しやか》と迦葉《かしよう》との出会いのようなものだというのです。

世尊拈華《せそんねんげ》、迦葉微笑《かしようみしよう》とは、こういうことです。

釈迦が亡くなられる前に霊鷲山《りようじゆさん》で一枝の蓮華《れんげ》を拈《ひね》って、八万の大衆にお示しになったところ、大衆は皆、その意がわからず黙っていました。

ただ、魔訶迦葉《まかかしよう》だけが、その意を理解して、にっこりと笑われたのです。釈迦はそれを見て、迦葉《かしよう》が悟りを開かれたことをお知りになり、自分の文字にしない教え、教《きよう》外別伝《げべつでん》の正法《しようぼう》は、そなたのものだと仰せられて心印《しんいん》を授けられたということです。

つまり拈華微笑《ねんげみしよう》とは、以心伝心《いしんでんしん》を示す言葉となっているのです。

明レ之者天魔怕レ之昧レ之者外道欺レ之《これをあきらむるものてんまもこれをおそれこれにくらきものげどうもこれをあざむく》とは、是《こ》の本来《ほんらい》の面目《めんもく》を悟《さと》り明《あき》らむる者《もの》は、宇宙《うちゆう》の間《あいだ》に遮《さえぎ》り覆《おお》ふもののなき程《ほど》に、天魔《てんま》の神通力《じんつうりき》を施《ほどこ》すべき術《すべ》なく、却《かえつ》て逆《さか》さまに己《おのれ》が腹《はら》の底《そこ》まで見透《みとお》さる、故《ゆえ》に、此《こ》の人《ひと》を怕《おそ》れ憚《はばか》りて、寄付《よりつ》くこと、はならぬなり。

之《これ》に反《はん》して、是《こ》の本来《ほんらい》の面目《めんもく》を昧《くら》まし迷《まよ》ふ者《もの》は、種々《しゅじゅ》の妄念妄想《もうねんもうそう》を蓄《たくわ》ふる程《ほど》に、其《そ》の妄念妄想《もうねんもうそう》に付入《つけい》りて、外道《げどう》も容易《ようい》に之《これ》を欺《あざむ》き瞞《だま》すことを得《う》るなり。

或上手与二上手一《あるいはじょうずじょうずとともに》。鋒鋩相交《ほうぼうをあいまじえ》。不レ決二勝負一《しょうぶをけつせざる》とは、若《も》し互《たがい》に本来《ほんらい》の面目《めんもく》を悟《さと》りし者同士《ものどうし》出会《であわ》して、双方共《そうほうとも》に太阿《たいあ》の剣《つるぎ》を抜《ぬ》き放《はな》し、鋒《ほう》と鋩《ぼう》と付《つ》け合《あ》ひて、勝負《しょうぶ》の決《けつ》することの出来《でき》ぬ時《とき》には、何《なん》となるぞと云《い》ふに、其《そ》の世尊《せそん》と迦葉《かしょう》との出会《であい》の如《ごと》しとなり。

世尊拈華《せそんねんげ》、迦葉微笑《かしょうみしょう》とは、世尊末後《せそんまつご》に霊山会上《りょうぜんかいじょう》にて、一枝《いっし》の金婆羅華《きんばらげ》を拈《ねん》じて、八万《はちまん》の大衆《たいじゅ》に示《しめ》し給《たも》ふに、衆《しゅ》みな黙然《もくねん》として居《い》たり。只迦葉一人《ただかしょうひとり》、につこと笑《わら》ひ給《たま》ふ。其《そ》の時世尊《ときせそん》、迦葉《かしょう》の悟《さと》りを開《ひら》き給《たも》ふことを知《し》り給《たま》ひて、吾《わ》が不立文字教外別伝《ふりゅうもんじきょうげべつでん》の正法《しょうぼう》は、汝《なんじ》に附属《ふぞく》す。と印証《いんしょう》し給《たま》ひしが如《ごと》しとなり。

正法の教え

さて、それからの正法は、インドでは二十八代達磨《だるま》まで伝わり、唐《とう》では達磨《だるま》から六代伝わって六祖大師《ろくそだいし》、すなわち大鑑禅師《だいかんぜんじ》に至ります。

この禅師は生きた菩薩《ぼさつ》であられましたから、その後、唐《とう》における仏法はますます盛んとなり、枝葉を広げるように発達して、五家七宗《ごけしちしゅう》といわれる七派が生まれ、その後、虚堂智愚《きどうちぐ》からわが国の大応国師《だいおうこくし》、大燈国師《だいとうこくし》にと伝わって、今日に至るまで、絶えることなく、師から弟子にと正法が相続されてきています。

しかしながら、拈華微笑《ねんげみしょう》の教えは、なかなか到達し難いもので、あっさり推しはかって理解できるようなものではありません。諸仏も驚き、黙ってしまうほどの所です。

ですから、この理屈は、表現しようもないのですが、強いて、たとえていえば、器のなかの水を、他の水の入った器に移し入れた時、水と水がまざりあって区別ができなくなるのと同じように、釈迦《しゃか》と迦葉《かしょう》の眼が、同じだったということです。甲乙といった差など、全くなかったということです。

どんな兵法家であっても、この拈華微笑《ねんげみしょう》の心《こころ》を自分のものにした者は、十万人のうち一人もおりはしますまい。もし、大変な志の持主がいて、何とかして、これを自分のものにしようとするなら、これから三十年、いやそれ以上も修行をすべきです。この修行を誤っては、兵法の達人になるどころか、地獄に落ちることは火を見るよりも確かなことです。恐ろしいことといわねばなりません。

〔註〕達磨（菩提達磨―円覚大師　?～五二八?）＝インドのバラモンに生まれたという。五二〇年ごろに中国（北魏）に入り、各地で禅を説いた。中国、日本における禅宗の開祖。面壁九年の坐禅の伝説をはじめ、多くの伝説がある。

六祖大師（慧能―大鑑禅師　六三八～七一三）＝中国禅は五祖弘忍の門下、神秀と慧能に至って、北方禅と南方禅の二つの系統に分かれた。後世に発展したのは、慧能の南方禅の系統である。慧能の遺録は六祖壇経と呼ばれる。

虚堂智愚（一一八五～一二六九）＝南宋の臨済宗の僧。

大応国師（南浦紹明《なんぽしょうみょう》　一二三四～一三〇八）＝駿河の人。臨済宗の僧。宋に渡り、虚堂智愚に学ぶ。帰国後、純禅を説いて臨済宗興隆の基を開いた。

大燈国師（宗峰妙超《しゅうほうみょうちょう》　一二八二～一三三七）＝播磨の人。臨済宗の僧。大応国師に従って、そのあとをつぐ。赤松円心は彼の徳をしたって大徳寺を開いた。大徳寺派の祖。墨跡、詩偈が有名。

さて、それより此《こ》の正法《しょうぼう》、西天《さいてん》には二十八代達磨《にじゅうはちだいだるま》まで伝《つた》はり、唐土《とうど》には、達磨《だるま》より六代伝《ろくだいつた》はりて、六祖《そくそ》の大鑑禅師《だいかんぜんじ》に至《いた》る。

此《こ》の禅師《ぜんじ》は、肉身《にくしん》の菩薩《ぼさつ》にておはしければ、それよりいよいよ唐土《とうど》にも仏法盛《ぶつぽうさかん》にして、枝葉《えだは》はびこり、五家七宗《ごけしちしゅうしゅっこう》出興して、乃至《ないし》虚堂《きどう》より以来《いらい》、吾朝《わがくに》の大応大燈《だいおうだいとう》より、今《いま》に至《いた》るまで血脈不断《けちみゃくふだん》なり。

さる程《ほど》に、拈華微笑《ねんげみしょう》の法《ほう》は中中着地《なかなかちゃくち》に至《いた》り難《がた》き処《ところ》なり。容易《ようい》に推量《すいりょう》して知《し》ることに非《あら》ず。諸仏《しょぶつ》も気《き》を呑《の》み声《こえ》を飲《の》む所《ところ》なり。

されば此《こ》の義理《ぎり》は、言《い》ふべき様《よう》なけれども、強《しい》て譬《たと》へて言《い》はゞ、一器《いっき》の水《みず》を一器《いっき》に移《うつ》して、水《みず》と水《みず》とが合《がっ》して分《わか》ちなき如《ごと》く、世尊《せそん》と迦葉《かしょう》と眼一般《めいっぱん》の処《ところ》なり。甲《こう》乙《おつ》は更《さら》になし。

さればいかなる兵法家《へいほうか》にても、此拈華微笑《このねんげみしょう》の旨《むね》を得《え》たる者《もの》は、十万人中《じゅうまんにんちゅう》に一人《ひとり》も無《な》きことなれども、若《も》し最大乗《さいだいじょう》の人《ひと》ありて、知《し》らむと要《よう》せば、更《さら》に参《さん》せよ三十年《さんじゅうねん》。若《も》し過《あやま》らば、惟兵法《ただへいほう》に達《たっ》せざるのみにあらず、地獄《じごく》に入《い》ること箭《や》を射《い》るが如《ごと》し。怕《おそ》るべしく。

仏法の因縁を悟り終わった人は

又《また》、或《ある》いは一《いち》を挙《あ》げて三《さん》を明《あき》らかにす、とは一を挙げることによって、すぐに三を明らかにすることです。

目機銖両《もっきしゅりょう》とは、目機《もっき》すなわち目のなかの機のことで、目分量を意味します。銖《しゅ》は本来、はかりの名で、目方、分量を表わす文字です。銖《しゅ》は十糸《じゅっし》、両《りょう》は十銖《じゅっしゅ》を分《ぶ》として十《じゅう》分《ぶ》とされています。

つまり、どれほどの金銀であろうと、目分量ではかって、一銖一両《いっしゅいちりょう》の間違いもないということです。いわんとする意味は、それほどに賢く利口な人ということです。

是《こ》れ尋常之霊利也《じんじょうのれいりなり》とは、これは普通一般に多い賢い性質で、特別なものではないということです。

若《も》し夫《そ》れ、此《こ》の事《こと》を了畢《りようひつ》する人《ひと》、一《いち》を未《いま》だ挙《あ》げず、三《さん》を未《いま》だ明《あき》らかにせざる以前《いぜん》に於《おい》て、早《はや》、截《た》って三段《さんだん》を作《な》すとは、こういうことです。

仏法の大事、因縁を悟り終わった人は、一も未だ挙げず、勿論未だ三を明らかにしない、まだ、何もかも、それこそほんの少しの兆しも現われない前に、早々と截って三段にしておくぐらいだから、こういう人に出会ったら、どんなにあがいても、どうにもならないということです。

況《いわ》んや顔々相対《がんがんあいたい》するにをや。このような早業をやってのけることができる人が、他人と顔を合わせでもすれば、あまりにも切りやすくて、相手の人は首を落とされたのにも気づかないほどの手ぎわであるということです。

又或挙一明三《またあるいはいちをあげてさんをあきらかにす》とは、一《いち》を挙《あ》げて見《み》すれば、直《ただち》に三《さん》を明《あき》らむること。

目機銖両《もつきしゆりよう》とは目機《もつき》は目裡《もくり》の機《き》にて、目分量《めぶんりよう》の事《こと》、銖《しゆ》とは目方分量《めかたぶんりよう》のこと。銖《しゆ》とは目方十糸《めかたじゆつし》なり。両《りよう》とは十銖《じゆつしゆ》を分《ぶ》として、十分《じゆうぶ》を両《りよう》とするなり。

されば金銀《きんぎん》は、何程《なにほど》あるとも、目分量《めぶんりよう》にて之《これ》を量《はか》るに、一銖一両《いつしゆいちりよう》の違《ちが》ひなきを云《い》ふ。言《い》ふこころは、利根霊利《りこんれいり》の人《ひと》なり。是尋常之霊利也《これじんじようのれいりなり》とは、個《か》ほとに霊利《れいり》の人《ひと》にては、其《それ》は尋常多《じんじようおお》き利根《りこん》にて、是《こ》れ奇特《きとく》に非《あら》ずとなり。

若夫此事了畢人於二一未レ挙三未レ明以前一早截作二三段一《もしそれこのことをりようひつするひといちをいまだあげずさんをいまだあきらかにせざるいぜんにおいてはやたつてさんだんをなす》とは、仏《ぶつ》法《ぽう》の大事因縁《だいじいんねん》を悟《さと》り畢《おわ》れる人《ひと》は、一《いち》も未《いま》だ挙《あ》げず、三《さん》も未《いま》た明《あき》らめず、何《なん》とも角《か》とも兆《きざし》の現《あら》はれざる以前《いぜん》に於《おい》て早《はや》く截《きり》て三段《さんだん》となし置《お》くほどに、此《こ》の人《ひと》に逢《あ》はば、如何《いか》にてもなるまじとなり。

況顔々相対乎《いわんやがんがんあいたいするにをや》とは、此《こ》の如《ごと》く早業《はやわざ》の妙《みよう》を得《え》て居《お》る人《ひと》が、他人《たにん》と顔《かお》を合《あわ》するときは、余《あま》りに截《き》り易《やす》くて、向《むこ》ふの人《ひと》は、首《くび》の落《お》ちしも知《し》らぬ程《ほど》の手際《てぎわ》なるぞとなり。

教外別伝の法とは

是《か》くの如《ごと》きの人《ひと》、終《つい》に鋒鋩《ほうぼう》を露《あら》わさず。其《そ》の疾也《しつなり》、電光《でんこう》も通《つう》ずる無《な》く、其《そ》の短也《たんなり》、急嵐《きゅうらん》も及《およ》ぶ無《な》し。這般《しゃはん》の手段無《しゅだんな》く、終《つい》に拈《ねん》に却着《きゃくちゃく》し擬《ぎ》に却着《きゃくちゃく》すれば、便《すな》わち鋒《ほう》を傷《きず》つけ手《て》を犯《おか》し、好手《こうしゅ》と為《な》るに足《た》らず。情識《じょうしき》を以《もっ》て卜度《ぼくたく》する莫《な》し。言語《げんご》に伝《つた》うべき所無《ところな》く、法様《ほうよう》に習《なら》うべき所無《ところな》し。教外別伝《きょうげべつでん》の法《ほう》、是《こ》れ也《なり》。

是《かく》の如《ごと》きの人《ひと》、終《つい》に鋒鋩《ほうぼう》を露《あら》わさずとは、これほどの名人は、はじめから太刀を抜いたりはしないものだということです。

其《そ》の疾也《しつなり》、電光《でんこう》も通《つう》ずる無《な》く、其《そ》の短也《たんなり》、急嵐《きゅうらん》も及《およ》ぶ無《な》し。その素早いことといったら、今見えたと思ったら、もう消えてしまう。あの電光でさえも、その手さばきのなかを通すことはできません。その短いことは、沙石《させき》を吹き飛ばす嵐といえども、とうてい及ぶところではないというのです。

這般《しゃはん》の手段《しゅだん》無《な》く、終《つい》に拈《ねん》に却着《きやくちやく》し擬《ぎ》に却着《きやくちやく》すれば。これらの手《て》だてもなしに、ほんのちょっとでも太刀を振りあげることに執着したり、心をおくところに執着したらというのです。

便《すな》わち鋒《ほう》を傷《きず》つけ手《て》を犯《おか》し、好手《こうしゅ》と為《な》るに足《た》らず。そうすれば必ず太刀の鋒《ほう》を折ってしまったり、自分の手を切ったりして、決して上手の人といわれることはないというのです。

情識《じょうしき》を以《もっ》て卜度《ぼくたく》する莫《な》しとは、情識《じょうしき》は人情のなかの認識分別です。卜度《ぼくたく》は占いはかるということです。いっている意味は、どれほど情識で占いはかっても、何の役にもたたないということ、すなわち、占いはかろうとするような分別から離れて、虚心に見よというのです。

言語《げんご》に伝《つた》うべき所無《ところな》く、法様《ほうよう》に習《なら》うべき所無《ところな》し。この真実の兵法は、言語で語り伝えることはできず、また、やり方にしても、こうやって構えて、どこを打てなどというようには教えようもないというのです。

教外別伝《きょうげべつでん》の法《ほう》、是《こ》れ也《なり》。そのように言語や文章でも伝えられず、身ぶり仕科《しぐさ》でも教えることができないものだからこそ、教外別伝《きょうげべつでん》の法《ほう》というのです。教外別伝とは、師の教えのほかに、自分自身で悟り創り出した自分のものがなければならないものだということです。

如レ是人。終不レ露二鋒鋩一。其疾也。電光無レ通。其短也。急嵐無レ及。無二這般手段一。終拈却着擬却着。便傷レ鋒犯レ手。不レ足レ為二好手一。莫下以二情識一卜度上。無二言語所一レ可レ伝。無二法様所一レ可レ習。教外別伝法是也。

如レ是人終不レ露二鋒鋩一《かくのごときのひとついにほうぼうをあらわさず》とは、個様《かよう》の名人《めいじん》は、初《はじ》めより太刀《たち》の鋒《ほう》は見《み》せぬなり。

其疾也電光無レ通其短也急嵐無レ及《そのしつなりでんこうもつうずるなくそのたんなりきゆうらんもおよぶなし》とは、其《そ》の早《はや》きこと今見《いまみ》えしと思《おも》へば、忽《たちま》ち消《き》ゆる電光《でんこう》も、其《そ》の手《て》の中《うち》を通《とお》すこと能《あた》はず。其《そ》の短《みじか》きことは、沙石《させき》を吹《ふ》き飛《と》ばす嵐《あらし》も及《およ》ぶこと能《あた》はずとなり。

無二這般手段一終拈却着擬却着《しやはんのしゆだんなくついにねんにきやくちやくしぎにきやくちやくすれば》とは、これつらの手際《てぎわ》なくして、そつとなりとも、太刀《たち》を挙《あ》くる処《ところ》に着《ちゃく》し、そつとなりとも、心《こころ》にあてがふ処《ところ》に着《ちゃく》したらばとなり。

便傷レ鋒犯レ手不レ足レ為二好手一《すなわちほうをきずつけてをおかしこうしゅとなるにたらず》とは、必《かなら》ず太刀《たち》の鋒《ほう》をぶち折《お》りたり、おのが手《て》を截《き》りたりして、決《けつ》して上手《じょうず》とは言《い》はれまじとなり。

莫下以二情識一卜度上《じょうしきをもつてぼくたくするなし》。とは、情識《じょうしき》は人情中《にんじょうちゅう》の識分別《しきふんべつ》なり。卜度《ぼくたく》は卜《うらな》ひ度《はか》るなり。言《い》ふこころは、何程情識《なにほどじょうしき》を以《もつ》て卜《うらな》ひ度《はか》りて見《み》ても、少《すこ》しも役《やく》に立《た》たぬ事《こと》なり。故《ゆえ》に卜度《ぼくたく》の分別《ふんべつ》を離《はな》れて看《み》よとなり。

無二言語所一レ可レ伝《げんごにつたうべきところなく》。無二法様所一レ可レ習《ほうようにならうべきところなし》とは、此《こ》の真実《しんじつ》の兵法《へいほう》は、言辞《げんじ》にて語《かた》り伝《つた》ふべき様《よう》もなく、又法様《またほうよう》とて個様《かよう》に構《かま》へて何処《どこ》を打《う》てよなど、教《おし》へ習《ならわ》す様《よう》もなしとなり。

教外別伝法是也《きょうげべつでんのほうこれなり》とは、其《そ》の如《ごと》く言辞《げんじ》にても伝《つた》へられず、仕方《しかた》にても教《おし》へられぬ業《わざ》なるが故《ゆえ》に、教外別伝《きょうげべつでん》の法《ほう》と云《い》ふなり。教外別伝《きょうげべつでん》とは、師《し》の教《おし》への外《ほか》に、別《べつ》に己《おのれ》が自悟自得《じごじとく》せねばならぬ法《ほう》なるぞとなり。

最高の境地を自らのものにすれば

大用《たいゆう》、現前《げんぜん》すれば規則《きそく》存《そん》せず。順行《じゅんこう》、逆行《ぎゃっこう》、天測《てんはか》る無《な》し。是《こ》れ什麼《なん》の道理《どうり》。古人《こじん》、云《い》わく、家《いえ》に白沢《はくたく》の図《ず》無《な》く、是《か》くの如《ごと》き妖怪《ようかい》無《な》し。若《も》し人《ひと》、錬得《れんとく》して這箇《しゃこ》の道理《どうり》に至《いた》らば、一剣《いっけん》、天下《てんか》を平《たい》らぐ。之《これ》を学《まな》ぶ者《もの》、軽忽《けいこつ》莫《な》かれ。

大用《たいゆう》、現前《げんぜん》すれば規則《きそく》存《そん》せず。先に述べた別伝の法にかなう大用が目の前に現れてくれば、自由自在の働きができるため、規則などないと同じことになるという意味です。この大用とは、世界中隅から隅まで、どこにもかしこにも届くことができて、ほんの僅かな誤りも犯さないので大用と呼ぶのです。

規則《きそく》とは、おきてのことです。やってはならないこと、規範などを示して、一つの鋳型にはめこもうとするような規則は、大用現前《たいゆうげんぜん》に向かっては、存在しなくなるのです。

順行《じゅんこう》、逆行《ぎゃつこう》、天測《てんはか》る無《な》し、この大用を現実に自分のものにした人は、順に従って行なおうと、逆に行なおうと、全く自由で、これを妨げるものはありません。このことは、たとえ天でもはかり知ることができないというのです。

是《こ》れ什《なん》麽の道理《どうり》とは、これはどんな道理でしょうか、人に強く問うている言葉です。

古人《こじん》、云《い》わく、家《いえ》に白沢《はくたく》の図無《ずな》く、是《か》くの如《ごと》き妖怪無《ようかいな》し。

これは前の問の答えです。白沢《はくたく》とは、身体は牛に似て、首は人に似ているという、何とも気味の悪い唐における想像上の動物です。

夢を食べるとか、神の咎め、わざわいを食べるというので、唐では、この図を描いて門に押しつけたり、家の柱に張りつけたりするのです。つまり白沢の図を張りつけるのは、家にふりかかる災難を避けようとする方法なのです。

しかし、もともと迷信を信ぜず、天罰などを思わぬ人は、白沢の図を描いて、門に押しつけようなどと思うこともありません。

順でも逆でも、自由自在に用いることのできる者は、天でさえ、その心中を推しはかることができないのですから、総ての苦からも楽からも超越し、災禍を受けることもないので白沢の図をたよりにする必要もないというわけで、その到達している所は、全くみごとに徹底しているということをいっているのです。

若《も》し人《ひと》、錬得《れんとく》して這箇《しゃこ》の道理《どうり》に至《いた》らば、一剣《いっけん》、天下《てんか》を平《たいら》ぐ。もしこのように修行を積んで、純粋な金属をさらに鍛錬し尽して追取刀《おっとりがたな》にしたてあげるように、道理を知《ち》悉《しつ》した人ならば、漢《かん》の高祖《こうそ》が剣一本で天下を平げたようなこともできようというのです。

之《これ》を学《まな》ぶ者《もの》、軽忽莫《けいこつな》かれ。

この剣の妙理を学ぼうとする者は、そう簡単に粗雑な考えを持つことはなく、精神を高く美しく持つよう努力し、すぐれた工夫を重ね、瞬時も怠るのではないぞということであります。

大用現前。不レ存二規則一。順行逆行。天無レ測。是什麼道理。古人云。家無二白沢図一。無二如レ是妖怪一。若人錬得至二這箇道理一。一剣平二天下一。学レ之者莫二軽忽一。

大用現前不レ存二規則一《たいゆうげんぜんすればきそくそんせず》とは、彼《か》の別伝《べつでん》の法《ほう》の大用《たいゆう》が、目前《もくぜん》に現《げん》し来《きた》れば、自由《じゆう》自在《じざい》にして、規則《きそく》を存在《そんざい》せぬなり。併《しか》し此《こ》の大用《たいゆう》は、此《こ》の十方世界《じっぽうせかい》何《なん》の処《ところ》にも行《ゆ》き亘《わた》りて、兎《うさぎ》の毛《け》の先程《さきほど》も、外《はず》れたる所《ところ》なき故《ゆえ》に、大用《たいゆう》と云《い》ふなり、軌則《きそく》とは法《はっ》度法則《とほうそく》を云《い》ふ。斯《か》かる物《もの》の鋳型《いがた》の如《ごと》き法度法則《はっとほうそく》は、大用現前《たいゆうげんぜん》の上《うえ》には存在《そんざい》せずとなり。

順行 逆行天無レ測《じゅんこうぎゃっこうてんはかるなし》とは、此《こ》の大用現前《たいゆうげんぜん》の人《ひと》は、順《じゅん》に行《ゆ》かむとも、逆《ぎゃく》に行《ゆ》かんとも、自由《じゆう》にして碍《がい》なし。茲《ここ》をば天《てん》も測《はか》り知《し》ることはならぬとなり。

是什麼道理《これなんのどうり》とは、是《これ》はいかなる道理《どうり》ぞと人《ひと》に向《むか》ひて拶《さつ》して云《い》ふなり。

古人云《こじんいわく》。家無二白沢図一《いえにはくたくのずなく》無二如レ是妖怪一《かくのごときようかいなし》とは、前《まえ》の拶《さつ》しの答《こたえ》なり。其《そ》の白沢《はくたく》とは、身《み》は牛《うし》に似《に》、首《くび》は人《ひと》に似《に》て、何《なん》とも知《し》らぬ活物《いきもの》なり。

此《こ》の物《もの》、或《ある》ひは夢《ゆめ》を食《く》ひ、或《ある》は殃《おう》を食《く》ふとて、唐土《とうど》には其《そ》の図《ず》をゑがきて、門《もん》に押付《おしつ》け、又《また》は家《いえ》の柱《はしら》に張付《はりつく》るなり。されば白沢《はくたく》の図《ず》は、押《お》すことは、家《いえ》の殃《おう》をを避《さ》けむ為《た》めの仕方《しかた》なり。然《しか》れども、家《いえ》に本《もと》より妖怪《ようかい》なき人《ひと》は、白沢《はくたく》の図《ず》をゑがきて押《お》さむと思《おも》ふ心《こころ》もなきなり。

言《い》ふこゝろは、順行逆行《じゅんこうぎゃっこう》ともに、用《もち》ひ得《え》たる者《もの》は天《てん》だにも其心中《そのしんちゅう》を測《はか》ることならぬからに、一切《いっさい》の苦楽《くらく》を飛《と》び抜《ぬ》けて、身《み》にも家《いえ》にも殃《おう》なき故《ゆえ》、白沢《はくたく》の図《ず》を好《この》む心《こころ》もなく、其《そ》の境界《きょうかい》は、さつぱりと美事《みごと》なるものぞとなり。

若人錬得至二這箇道理一《もしひとれんとくしてしゃこのどうりにいたらば》。一剣平二天下一《いっけんてんかをたいらぐ》とは、若《も》しそれ斯《か》くの如《ごと》くに修行《しゅぎょう》して、精金《せいきん》を千鍛百錬《せんたんひゃくれん》し尽《つ》くして、追取刀《おっとりがたな》に到《いた》り得《え》たる解脱《げだつ》の人《ひと》ならば、漢《かん》の高祖《こうそ》が、剣一《けんひと》つを以《もっ》て天下《てんか》を平《たいら》けられし如《ごと》きこともあらんとなり。

学レ之者莫二軽忽一《これをまなぶものけいこつなかれ》とは、此《こ》の剣《つるぎ》の妙理《みょうり》を学《がく》する者《もの》は、たやすく麤相《そそう》なる観念《かんねん》をすることなく、高《たか》く精彩《せいさい》を励《はげ》まし、切《せつ》に工夫《くふう》を着《つ》けて片時《かたとき》も怠《おこた》ること勿《なか》れとなり。

追記

「沢庵の今日的意味」は、健康であった池田諭が書いた最後のものではなかったかと、いま思います。この原稿をお渡ししてから、ほどなく倒れたからです。できあがった『不動智神妙録』が届けられたとき、池田は、生命を長らえる見込み七パーセント、再び仕事をする可能性三パーセントといわれて、全身不随に近い身体を病室に横たえていました。

幸運にも五カ月の病院生活の後に退院し、四年の間に四冊の本を書いた彼は、五年目にあわただしく逝ってしまいました。その間、不自由になった右手は、原稿を書く為にのみ使われました。文字どおり、自分を生き抜いた生涯でした。

若い頃から沢庵に着目していた彼が、この一冊の本を書く機会を与えていただいたことに感謝しております。

一九七六年一〇月二二日

池田裕子

あとがき…訳者に代わって…

この本の原本『不動智神妙録』は、一九七〇年に徳間書店より刊行されました。訳者が脳血栓で倒れた年でもあります。九死に一生を得て幸運にも退院し自宅療養となりましたが、エレベーターのない団地の四階に住んでいたので、外出時に一階へ降りるだけでも、一時間近くかかりました。

それでも帰宅時には階段を見上げて「ホウ、ホウ」と楽しそうに笑い声を出します。いつもそばに付き添う妻裕子も「帰りは嬉しいの。階段は下りる方が怖いから」と、また一時間近くかけて一段一段、二人で上がっていったものです。

その五年後、五十二歳で亡くなりましたが、彼の著書は二十余冊になります。その根底にあるのは「人が人としてどう生きるのか」ということに尽きると思います。

文庫版として新しい読者と出会える機会を頂きましたことに深く感謝申し上げます。

二〇一一年三月三〇日

「池田諭の会」蔦林淑美

本著作は一九七〇年一〇月に『不動智神妙録』
として、徳間書店から刊行されたものです。

池田　諭（いけだ　さとし）

1923年広島県生まれ。広島文理大学卒業。高校教諭、雑誌編集などを経て、文筆活動に入る。著書に『ことばの知恵』『独学のすすめ』『吉田松蔭』『坂本龍馬』『女子大学生の生き方』『代表的明治人』『若者を考える』『生き方としての独学』など多数。

沢庵《たくあん》　不動智神妙録《ふどうちしんみようろく》

平成23年5月10日　第1刷
令和5年3月31日　第6刷

原　著　沢庵宗彭
訳　者　池田　諭
発行人　杉田百帆
発行所　株式会社　TTJ・たちばな出版

〒167-0053 東京都杉並区西荻南2-20-9 たちばな出版ビル
電話　03-5941-2341（代）　FAX03-5941-2348
ホームページ　https://www.tachibana-inc.co.jp/

印刷・製本　真生印刷株式会社

ISBN978-4-8133-2391-4

「タチバナ教養文庫」発刊にあたって

人は誰でも「宝」を持っているけれども、ただ漫然としていては開花しません。それには「宝」を開ける鍵が必要です。それは、他からの良い刺激（出会い）に他なりません。そんな良き刺激となる素晴らしい古典・現代の名著が集まった処…。それを「タチバナ教養文庫」はめざしています。

伝教大師最澄は、道心のある人を「宝」といい、さらにそれをよく実践し人々に話すことのできる人を、「国宝」と呼び、そういう人材を育てようとされたのです。そして、比叡山では、真実の学問を吸収し実践した多くの「国宝」が輩出し、時代時代の宗教的リーダーとして人々を引っぱっていったのです。

当文庫は、できるだけ広い分野から著者の魂や生命の息吹が宿っている書物をお届けし、忙しい現代人が、手軽に何時でも何処でも真実の学問を吸収されることを願って発刊するものです。そして、読者の皆様が、世に有為なる「国宝」となられ、豊かで輝かしい人生を送る糧となれば幸いです。

絶版などで、手に入れにくいものでも、できる限り復刻発刊させて戴きたいので、今まで入手困難と諦めていた書物でも、どんどんリクエストして下さい。

読者の熱烈なる求道心に応え、読者とともに成長していく魅力溢れる「タチバナ教養文庫」でありたいと念願しています。

タチバナ教養文庫

《既刊書より》

伝習録
―陽明学の真髄―

吉田公平

中国近世思想の筆頭格、王陽明の語録。体験から生まれた「知行合一」「心即理」が生き生きと語られ、己の器を大きくするための必読の書。

定価（本体九五一円＋税）

禅入門

芳賀幸四郎

禅はあらゆる宗教の中でも、もっとも徹底した自力の教えである。本当の禅を正しく解説し、禅の魅力を語る名著、待望の復刊。

定価（本体九五一円＋税）

六祖壇経

中川　孝

禅の六祖恵能が、みずから自己の伝記と思想を語った公開説法。禅の根本的な教えをわかりやすく明解に説く。現代語訳、語釈、解説付。

定価（本体一一六五円＋税）

臨済経

朝比奈宗源

中国の偉大な禅僧、臨済一代の言行録。語録中の王とされている。朝比奈宗源による訳註ついに復刊！生き生きとした現代語訳が特色。

定価（本体一〇〇〇円＋税）

新篇葉隠

神子侃編訳

「武士道の聖典」とされる原著から、現代に活きる百四十篇を選び、現代語訳・注・原文の順に配列。現代人にとっての「人生の指南書」。

定価（本体一三〇〇円＋税）

タチバナ文芸文庫

法善寺横町

長谷川幸延

「語り継ぐ　日本人の風景」

日本人の心の底に流れる、清純でしみじみとした情愛を、淡白なユーモアにつつむ独特な語り口で描く、長谷川幸延「人情譚」傑作集。表題作ほか、「粕汁」、「舞扇」、「三階席の女」、「月の道頓堀」、「海を渡る鳥」、「さしみ皿」など、十作品を収録。

定価（本体一三〇〇円＋税）